中国体育用品标准化体系建设研究

席玉宝◎著

安徽师范大学出版社
ANHUI NORMAL UNIVERSITY PRESS
·芜湖·

图书在版编目(CIP)数据

中国体育用品标准化体系建设研究 / 席玉宝著．
芜湖：安徽师范大学出版社，2024. 12. -- ISBN 978-7-5676-7044-0

Ⅰ. G818.3-65

中国国家版本馆CIP数据核字第2024GU9830号

中国体育用品标准化体系建设研究　　席玉宝◎著

责任编辑：吴山丹　　责任校对：胡志恒　黄腊云
装帧设计：张　玲　汤彬彬　　责任印制：桑国磊
出版发行：安徽师范大学出版社
芜湖市北京中路2号安徽师范大学赭山校区
网　址：https://press.ahnu.edu.cn
发 行 部：0553-3883578　5910327　5910310(传真)
印　刷：苏州市古得堡数码印刷有限公司
版　次：2024年12月第1版
印　次：2024年12月第1次印刷
规　格：700 mm × 1000 mm　1/16
印　张：15
字　数：230千字
书　号：978-7-5676-7044-0
定　价：45.00元

前　言

体育用品是指为体育活动设计生产的所有专门用品。它是生产部门根据体育活动的实际需要和规则规定，尤其是产品在体育运动环境的实际使用场景和效用情况下，设计和制定产品的规格、理化性能、环境适应性、人类工效等。体育用品标准是为在体育用品生产、流通和使用领域内获得最佳秩序，经协商一致制定并由公认机构批准的共同和重复使用的技术要求。体育用品标准按照一定方式和秩序相互联系和作用形成体育用品标准体系，以标准制定和实施监督活动中规范有序的联系构成体育用品标准化体系，从而使得体育用品在其领域获得最佳秩序，以及最佳的经济效益和社会效益，促进我国体育用品产业高质量发展。体育用品产业是生产体育用品的所有企业的结合。体育用品标准化对象是指具有共同属性的各种具体体育用品的总和所构成的整体，体育用品标准化领域是指一组相关的标准化对象。如：体育器材、运动鞋、运动服等均可视为标准化领域。体育用品标准化对象和标准化领域分别是体育用品和体育用品生产、销售、使用部门。

体育用品标准化体系是指为体育用品领域达到最佳秩序进行的统一技术要求的标准制定和实施监督活动中规范有序的相互联系和作用而形成的有机整体系统，包括体育用品标准体系和体育用品标准保障体系。体育用品标准体系是体育用品生产、流通和使用范围内的各标准按照一定相互联系和作用的方式和秩序形成的有机整体系统。依据不同的管理目标和分类依据，体育用品标准体系可以形成不同的框架体系结构。体育用品标准体系依照标准的性质可分为强制性标准、推荐性标准、指导性技术文件，依照标准的类别可分为基础通用标准、产品标准、方法标准、安全标准，依照标准所服务的行业领域可分为体育器械标准、运动服标准、运动鞋标准，依照标准的级别可分为国家标准、行业标准、地方标准、团体标准、企业标准，从而形成一个多类型、多维度、多层次的体育用品标准体系。体育用品标准保障体系包括：标准化管理体系和运行机制、标准实施监督体系、标准人才培养体系、国际标准推进机制、国家标准资源服务平台。标准体系是体育用品标准化体系的主体和基础，保障体系是确保体育用品标准体系建设和有效运转、发挥效能的前提和保证。体育用品标准体系和保障体系互为依存和联系，相互支持和促进，突出体育用品标准化体系内标准制定和实施监督活动的规范有序的联系和作用，构成完整的体育用品标准化体系，强化了标准化体系的整体功能和引领功能，从而充分发挥标准在有效实施中的规范、协调、支撑和保障作用，有力地推动我国体育用品标准化工作的健康发展。

为建立结构完整和布局合理的体育用品标准体系，强化标准间的相互衔接、配套和支撑，提高体育用品标准的有效性、协调性、先进性和适用性，提升标准体系的整体水平，我们需要完善标准制定和实施监督活动中规范有序的体育用品标准化体系，完善体育用品标准管理体制和运行机制、健全标准的实施体系和服务体系，规范体育用品生产和体育用品市场，发挥体育用品标准在体育活动中保障人体健康和生命财产安全的基础作用，促进体育用品科研成果的转化，提高标准的科技含量和技术水平，全面提升我国体育用品标准化领域的地位和实力，使我国体育用品的产品质量有标准可保，市场规范有标准可循，创新驱动有标准引领，转型升级有标准支撑，提升体育用品“中国标准”的国际影响力和竞争力，对我国体育用品产业高质量发展有着重要意义。

目前，我国体育用品标准化体系建设研究存在着明显不足，研究成果相对匮乏，尤其是一些基础性的问题，如体育用品标准化对象是体育用品，而体育用品与体育设施、设备，与运动服装、服饰等存在着错综复杂的关系；体育用品标准体系与体育用品的产业分类、产品分类之间的关系；体育用品的标准化涉及哪些部门、行业和领域等问题。这些都需要做出正确合理的判断和科学的界定。探讨体育用品标准制定和修订与科技进步、产业升级、市场需求、运动技术发展、竞赛规则变化的内在联系；探索建立结构完整和布局合理的体育用品标准体系；强化标准间相互衔接、配套、依存和支撑的关系；提高体育用品标准的有效性、协调性、先进性和适用性，提升标准制定和实施的整体水平。

为促进体育用品科技成果向技术标准转化，推动先进技术推广和应用，健全技术创新与标准化互动支撑机制，为体育用品产业结构调整和转型升级提供支撑，对体育用品新材料、新产品、新技术、新工艺应依法及时制定国家标准、行业标准，主动参与国际标准的制定，完善标准供给体系，推动体育用品标准由生产型向消费型、服务型转变，加快培育发展体育用品团体标准；搭建一个多类型、多维度、多层次的体育用品标准体系；提高标准的科技含量和国际竞争力，有效促进我国体育用品业技术进步与转型升级，推动我国体育用品产业高质量发展。

分类是标准化工作的基础，是统一和交流的前提。体育用品业是一个混合型产业，在我国的产业分类体系中，它横跨轻工、纺织、化工等工业领域。从现有的分类标准和规范性文件看，体育用品和体育用品业的分类主要有《国际标准分类法》《中国标准文献分类法》《所有经济活动的国际标准行业分类》《国民经济行业分类》《统计用产品分类目录》《体育产业统计分类（2019）》《体育用品的分类》等。在这些分类法中，对“体育用品”“体育用品业”和“体育用品标准”的概念和范围界定与我国现行的体育用品标准体系及其分类还有一定的差异。《国际标准分类法》《中国标准文献分类法》中体育用品标准包括了“体育场馆”“体育服务”的标准，但不包括“运动服”“运动鞋”的标准。体育用品既包括体育用品产业部门设计生产的体育用品，也包括相关产业中的体育用品产品部门以相同原材料和工艺技术生产的专门供体育活动使用的所有体育用品。

在《国民经济行业分类》中的体育用品制造（244）中类设有5个小类，对应《统计用产品分类目录》6位数产品代码7个，8位数代码31个，在体育用品相关产业中，有14个大类、32个中类、44个小类，对应6位数代码8个，8位数代码35个。目前共有现行体育用品标准450项，其中基础通用标准35项，产品标准314项，方法标准76项，安全标准25项；国家标准和行业标准的平均标龄接近10年，标龄过长，标准老化，导致标准中有些技术指标落后。在现行的国家标准、行业标准中，采用国际标准和国外先进标准36项，采标率低，对国际标准、国外先进标准的采用相对滞后，体育用品标准的采标工作未能做到与国际标准同步修订或作废；有235项体育用品标准覆盖43个运动项目，只占我国正式开展的78个体育运动项目的57.69%，有33个运动项目的标准数是0，没有相应体育用品标准。

体育用品标准化机构涉及的行业领域广、部门单位多，涉及面广，程序复杂，但负责体育用品专业领域的标准化工作的技术工作机构却很少，从现有公布的全国性标准化技术委员会来看，只有全国体育用品标准化技术委员会、全国体育用品标准化技术委员会运动服装分技术委员会。体育用品标准工作机构不健全，部门单位间职责和边界不清晰，管理体制不健全，运行机制不顺畅，协调工作相对困难。

为建立适应市场需要、技术领先、满足体育用品产业发展和体育运动实践需求的体育用品标准化体系，我们须充分调动社会各方的力量和积极性，优化创新成果与标准紧密结合的政策环境、市场环境、社会环境，形成有利于体育用品标准化战略实施的体制机制和制度环境，为体育用品标准管理部门和质量监督检验机构制定体育用品标准、监督与认证产品质量提供依据；进一步优化体育用品标准体系，推动标准实施，强化标准监督，提升标准化服务能力，为促进我国体育用品市场规范运行秩序，促进统一市场的形成提供支撑和保障，为促进体育用品科技成果转化和技术进步，推动产业结构调整和转型升级提供支撑；为促进供给侧结构性改革，扩大体育用品有效供给；为体育消费者合理选择和安全使用体育用品，维护自身合法利益服务。

对体育用品标准化体系建设进行跨行业、多领域、多学科的交叉应用研究，有利于拓展体育用品领域的研究广度、挖掘研究深度，有利于运用新视角、新方法、新理论，以及新的研究资料进行跨学科综合研究，在不同专业、领域、学科的交叉、渗透和融合过程中，获得关于体育科学的新认识、新思想、新知识；体育运动的发展、运动技术水平的提高、竞赛规则的变化、场地设施的改进与体育用品产业的发展、技术进步和产业升级、体育用品标准化建设间存在着双向互动的关系。此研究为解决体育用品领域实际问题提供技术手段和理论方法，丰富体育学科的研究成果，完善体育学科的知识体系。

目　录

1 绪 论

标准是共同遵循的规范和准则。作为科研成果转化的载体，它以获得最大社会效益为目的，推动科学研究、技术进步，促进实验开发、推广应用，实现科研成果的快速传播，将科学研究、技术创新的成果转化为推动经济发展与社会进步的动力。标准是经济贸易和产业合作的技术规则，也是法律法规的必要补充和技术支撑，是一个国家经济活动与社会活动中的"软法"。标准与政策、法规、战略、规划一样，体现了党和政府的治国理念和执政方略，是经济活动与社会发展的有效技术支撑，是推进治理体系现代化的工具。在推动产业结构调整和优化升级、经济提质增效、支撑法治政府建设和效能建设、构筑国际竞争优势、推进我国高水平对外开放中的基础性和战略性作用日益凸显。标准化是社会信息化、科技现代化、经济全球化的一个基本要素，标准化建设是国民经济和社会发展的一项基础性技术工程，也是国家治理体系、治理能力现代化的战略工程。标准化工作支撑着社会化大生产的有效组织、国民经济的有序运行、国内外贸易的便利流通，支撑着社会公共事务和事业的规范化管理、社会活动稳定有序与和谐社会的构建。一个国家的标准化水平，在一定程度上反映着国家治理体系和治理能力现代化的水平，反映着社会文化繁荣和文明进步的程度。当今国际标准化工作，不仅限于传统工业领域，还出现向环境资源、社会管理、公共服务等领域不断拓展的趋势，体现出"国际标准无处不在"的理念。国际标准化组织（ISO）先后制定了组织治理、社会责任、可持续发展、反腐败贿赂、碳足迹和水足迹等社会各领域的国际标准，对世界各国的政治、经济、社会、文化和环境保护等事业发展产生深刻影响。国际标准化组织、国际电工委员会（IEC）等国际标准组织以及西方国家高度重视科技革命和产业革命相关领域的标准化工作，IEC不仅成立了智能制造评估工作组，还联合ISO成立了ISO/IEC智能制造路线图特别工作组，德国发布了"工业4.0"第三版标准化路线图，美国发布了《增材制造标准化路线图3.0版》，英国发布了《第四次工业革命标准：释放标准创新价值的HMG-NQI行动计划》，加快了新兴产业领域的标准制定。

标准背后是权力也是利益，是外交也是政治，是国际规则制定主导权的争夺和博弈。标准的制定，表面看上去似乎只是在技术上寻求最优方案的共识。实际上，它历来都是政治和经济利益争夺和博弈的舞台。谁具备掌控国际标准制定的能力，谁就掌握了话语权。标准制定权就是一种全球治理制度性话语权。在世界经济全球化、社会信息化、国家利益多元化的背景下，一个国家综合实力的提升，国际竞争力的提高都离不开标准化工作的普及和标准化工作水平的提高。世界各国都高度重视标准化工作，推动标准化更好地支撑和服务技术创新、产业发展、社会进步。支持和鼓励本国企业及各利益相关方，更加积极地参与国际标准化活动和国际标准制定，提升本国企业在全球市场中的竞争力。标准之争既是科学技术创新之争，也是商品市场开拓之争，更是国家间发展战略之争。国家间的经济竞争、技术竞争在很大程度上表现在国际标准工作的竞争，这也印证了"三流企业做产品，二流企业做品牌，一流企业做标准"这句话。国际标准作为国际贸易游戏规则的一部分和产品质量认证的重要准则，其地位和作用越来越重要，标准化的重要性日益突出。在这种形势下，世界各国以及国际和地区标准化组织相继制定了标准化发展战略，如：《美国标准化战略》（USSS 2020）、《德国标准化战略》（2017年版）、《日本标准化战略》（2014年版）、《欧洲标准化战略2030》、《ISO战略2030》等。在国际标准化活动中，各国千方百计地争夺制定国际标准的主导权、话语权，在国际标准中竭力主张本组织或本国的利益诉求，保护自身的利益。我国也在制定和推进国家标准化战略的行动纲领《中国标准2035》，在新一轮科技革命和产业变革深入发展之中，技术融合催生了新的生产方式、组织形态和商业模式，新的经济模式和产业格局都尚未确定，国际上新技术研发和专利的布局还未定型，全球性新技术的标准体系尚在逐步形成过程中，必然意味着现有标准、规则和框架体系的颠覆、再造和重构，这是实现我国产业和标准赶超的战略机遇期。实施《中国标准2035》，响应新技术、新产品、新业态、新领域的标准化需求，用先进标准引领和支撑创新发展，推动科技创新、标准研制和产业升级协同发展。

体育用品标准是体育用品产品质量和产业发展的技术基础和核心要素，是体育用品产业技术进步、质量提升、市场开拓和行业管理的重要手段，是原材料采购、产品设计制造、检测监督、市场流通和使用维护的依据。标准的先进性、协调性和系统性决定了体育用品产品质量的整体水平，决定了体育用品行业竞争力。推动体育用品标准化实施，加快体育用品标准化体系建设，须以系统完整、覆盖全面、结构合理、协调配套的要求，统筹我国体育用品企业标准、团体标准、地方标准、行业标准和国家标准的协调发展；建立体育用品推荐性标准保基本、强制性标准守底线、地方标准显特色、团体标准做引领、企业标准做补充的协同发展体育用品标准体系，夯实协调、完整和系统的技术标准基础，强化以科技创新为动力，推进我国体育用品行业的科技创新、标准研制和产业发展一体化，提升体育用品标准技术水平；优化标准体系，完善体育用品标准化体制与机制，增强标准化服务能力；强化标准的实施与监督过程，提高标准制定、颁布、实施与监督的先进性、有效性、协调性和适用性，加强标准与法律法规、政策措施的衔接配套，加大体育用品标准实施、监督和服务力度，提高标准化效益；加快与国际接轨进程，加强对体育用品国际标准动态的跟踪与加大评估的力度，加快采纳引用适合我国国情的国际标准，积极主动地参与国际标准化组织的体育用品标准化活动；统筹引进来与走出去，加深我国标准与国际标准一致性程度，健全结构优化、先进合理、国际兼容的体育用品标准体系，健全具有中国特色的标准化管理体制，完善运行机制，全面形成政府引导、市场驱动、企业为主、社会参与、开放融合的体育用品标准化工作格局，使我国体育用品的产品质量有标准可保，市场规范有标准可循，创新驱动有标准引领，转型升级有标准支撑。提升行业标准化水平，对我国体育用品产业高质量发展有着重要意义。

1.1 研究背景

2016年9月，习近平主席在致第39届国际标准化组织大会的贺信中指出："标准是人类文明进步的成果""标准助推创新发展，标准引领时代进步""标准化在便利经贸往来、支撑产业发展、促进科技进步、规范社会治理中的作用日益凸显"。习近平曾强调：加强标准化工作，实施标准化战略，是一项重要和紧迫的任务，对经济社会发展具有长远的意义。标准决定质量，有什么样的标准就有什么样的质量，只有高标准才有高质量。要求大力推进技术专利化、专利标准化、标准产业化。2016年4月6日，国务院常务会议通过了《装备制造业标准化和质量提升规划》，该规划强调标准和产品质量紧密相连，我们要制造高质量的产品，建设制造强国，该规划必须有先进的标准作为支撑。反过来，我们推进装备制造业标准化的目的，是提升消费品质量，拓展国内国际市场。坚持标准引领，建设制造强国。瞄准国际先进水平，实施工业基础和智能制造、绿色制造标准化和质量提升工程。到2020年，工业基础、智能制造、绿色制造等标准体系基本完善。用先进标准倒逼"中国制造"升级。强调标准是自主创新的制高点，谁掌握了标准制定的话语权，谁就掌握了市场竞争的主动权，推动中国经济迈向中高端水平，提高产品质量和服务标准是关键。要让标准成为对质量的"硬约束"，努力使我国标准在国际上立得住、有权威、有信誉，为中国制造走出去提供"通行证"。2021年中共中央、国务院印发《国家标准化发展纲要》，纲要提出建立科学完备、门类齐全的体育标准。2015年《国务院办公厅关于印发国家标准化体系建设发展规划（2016—

2020年）的通知》（国办发〔2015〕89号）指出：重点推动体育产业标准化工作的开展，加快体育用品、信息产业等标准的制定与修订工作。在体育用品、化妆品等30个重点领域，开展1000项国内外标准比对评估。《国务院办公厅关于印发消费品标准和质量提升规划（2016—2020年）的通知》（国办发〔2016〕68号）指出：加快全民健身器材、冬季运动器材、户外休闲运动器材（水上装备、登山装备、钓具和自行车等）、民族传统运动器材及防护装备等的标准的制定，加强体育用品新材料、新技术的研发和应用。《工业和信息化部关于促进文教体育用品行业升级发展的指导意见》（工信部消费〔2016〕401号）提出：有序开展标准化工作，增强标准对文教体育用品行业发展的支撑作用。进一步完善行业标准化体系，推动标准创新和标准化管理创新，加快与国际标准接轨。加快产品设计及生产制造、关键材料研发等产业技术基础标准、检测方法标准的制定。加快产业核心技术研发，推动行业技术水平整体提升。国家体育总局和国家市场监管总局联合印发了《体育标准体系建设指南（2018—2020年）》（体经字〔2018〕368号），提出加强器材装备技术标准包括器材装备的使用要求、器材装备的技术条件、器材装备的试验方法、器材装备的安全要求和其他标准等五个部分构建的器材装备技术标准子体系建设，实施体育器材装备质量品牌提升工程，建立健全体育器材装备技术标准体系，加快技术标准制定与修订，提高产品质量和标准要求。工业和信息化部、体育总局、市场监管总局等九部门关于印发《冰雪装备器材产业发展行动计划（2019—2022年）》（工信部联装〔2019〕106号）提出：组织实施冰雪装备器材标准领航项目。对标国际先进标准，引导重点企业、科研机构、行业协会等联合制定与修订一批亟需的冰雪装备器材团体标准、行业标准和国家标准，建立较为完善的冰雪装备器材综合标准化体系。

随着健康中国建设、体育强国建设的深入推进，全民健康与全民健身的深度融合，体育产业与医疗卫生、文化产业、养老保健及旅游产业等融合发展，体育日益社会化、产业化、生活化，参加体育活动的人越来越多，体育活动的领域也越来越广，体育用品的消费需求和消费水平也越来越高，且现代科学技术在体育领域里的广泛应用，也有力地推动了我国体育用品业转型升级和高质量发展。我国体育用品生产规模占全球65%以上的份额，是世界体育用品第一制造大国，产品种类齐全、规模优势强大，产品畅销全球各地。2018年末，体育用品制造业法人单位4.3万个，从业人员236.3万人，资产总计9136.0亿元，体育用品制造业实现营业收入12587.2亿元，营业利润856.0亿元。其中，运动服装和运动鞋帽制造领域占比最高，法人单位2.2万个，从业人员160.9万人，资产总计5233.6亿元，占体育用品制造业比重分别为51.2%、68.1%和57.3%。2020年1—12月，全国体育用品行业营业收入1340.3亿元，同比增长8.0%；利润总额92.4亿元，同比增长0.4%。2018年全年，我国体育用品进出口总额约为234.5亿美元，其中，出口额约为223.2亿美元，占进出口总额的95.2%。2018年体育用品行业5个子行业中：专项体育器材及配件制造累计完成出口交货值160.03亿元，占29.16%；健身器材制造完成144.77亿元，占26.38%；其他体育用品制造完成102.66亿元，占18.7%；运动防护用具制造完成71.98亿元，占13.11%；球类制造完成69.44亿元，占12.65%。

中国体育用品业已经成了全球体育用品制造业的中心和加工基地，加工着世界各大知名品牌的体育器材、运动鞋、运动服等各类体育用品，形成了以民营企业为主体，加工贸易为主要形式，产品种类齐全的产业体系。然而制造大国却不是制造强国，我国体育用品的产品质量、科技含量、知名度与国际著名品牌相比，差距仍然较大。整个行业标准化程度较低，尚未形成科学、合理、与国际水平接轨的完善标准体系，主要体现在：一是标准少、覆盖面窄，标准低、标龄长，与国际标准、国外先进标准存在一定的差距。[①]智能制造、绿色制造等高端体育用品相关标准缺失，现行标准体系仍不够完善，难以满足整个体育用品行业结构调整、转型升级和提质增效的需求。我国体育用品国家标准制定的平均周期为3年，远落后于行业快速发展的需要。标准整体水平难以支撑体育用品行业高质量发展的需要，我国主导制定的体育用品国际标准较少。二是标准交叉重

① 席玉宝.中国体育用品标准化建设现状与对策[J].武汉体育学院学报.2011,45(12):5-13.

复。体育用品标准涉及多个行业和领域，标准规划和制定的主体较多，现行国家标准、行业标准、地方标准中，仅名称相同和相近的体育用品标准就有多项，如：GB/T 19851.8—2005《中小学体育器材和场地 第8部分：乒乓球》；QB/T 2700—2005《乒乓球台》、GB/T 19851.7—2005《中小学体育器材和场地 第7部分：乒乓球台》。有些标准技术指标不一致，甚至各指标间相互矛盾和冲突，既造成企业执行标准困难，又造成制定标准的资源浪费、监督执法尺度不一。特别是体育用品涉及的健康、安全和环保的强制性标准，交叉重复矛盾比较突出。三是标准体系不够合理。我国现行的体育用品国家标准、行业标准、地方标准均由政府主导制定，在这些标准中，许多应由市场主体遵循市场规律制定。而国际上通行的团体标准在我国才刚刚起步，市场自主制定、快速反映需求的体育用品标准不能有效供给。企业能动性和积极性没能充分调动起来，缺乏创新和竞争力，标准还不适应体育用品产业快速发展的要求。四是标准化协调推进机制不完善。标准反映各方共同利益诉求，各类标准之间需要衔接和配套。许多体育用品标准涉及的技术面广、产业链长，特别是一些标准涉及多个部门和行业领域，相关利益方的立场不一致，协调难度大。有的标准实施效果不明显，相关配套政策措施不到位，尚未形成多部门协同推进标准实施的工作局面，没有建立一个较为统一完整的体育用品标准体系和保障体系，制约了标准化工作效能的提升，体育用品标准不能有效规范体育用品的生产和市场，直接限制了我国体育用品总体质量水平的提高。

经网络检索，截至2019年底，我国实行的体育用品国家标准95个，行业标准15个、地方标准10个、团体标准34个。当时国家标准的标准化率不到10%，2015年以前发布的标准83个，标龄在5年以上的占87.37%，最长的标龄达27年。据全国标准信息公共服务平台“技术委员会”查询，我国已成立的与体育用品相关的技术委员会和分技术委员会只有全国体育用品标准化技术委员会（TC291）、全国体育用品标准化技术委员会运动服装分技术委员会（TC291/SC1）各1个。可见，我国体育用品标准化工作与整个体育用品行业的快速发展相比相对滞后。

标准是衡量产品质量及工作质量的尺度，尤其是对产品质量、品种规格、工艺及检验方法等方面所作的技术规定的标准，是企业进行生产技术活动的基本依据，是产品主要质量特性的定量表现。我国体育用品的标准化直接影响到体育用品的产品质量、技术进步，影响到产品的出口和经济效益提高。据2020年国家市场监督管理总局网站通报，通过对7个省（市）50家企业生产的50批次室内健身器材产品的抽查发现，其中14批次产品不符合国家标准规定，不合格发现率为28.0%。34家企业生产的34批次电动跑步机产品，有7批次产品不符合国家标准规定；通过对5个省（市）20家企业生产的20批次羽毛球产品的抽查发现，其中4批次产品不合格，不合格发现率为20.0%；通过对4个省（市）19家企业生产的20批次羽毛球拍产品的抽查发现，其中1批次产品不符合国家标准规定，不合格发现率为5.0%。在当今国际贸易竞争日益激烈的时代，欧美等西方发达国家凭借科学技术的优势、先进的技术标准和较为完善的标准体系，多次利用标准设置技术壁垒，如：美国出台《消费品安全促进法案》，欧盟颁布了《一般产品安全指令》《娱乐游艇指令》《玩具安全指令》等，对我国体育用品的出口设置贸易障碍，使我国体育用品的出口遭受重大损失。标准化问题已成了我国体育用品产业发展的一大瓶颈。

当前，在科技现代化、经济全球化、社会信息化的推动下，科技创新活动不断突破体育活动的领域、体育科技的界限，进行跨界、跨行业的融合发展，新技术、新工艺、新材料在体育用品生产中被广泛应用。近几年来，在国家标准化管理委员会和国家体育总局的大力支持下，在各界科研技术人员的共同努力下，体育用品标准制定与修订工作取得了长足的进步，体育标准的制定和更新步伐加快。我国经济逐渐由高速增长阶段转向高质量发展阶段，建设了统一开放、规范有序的市场体系，加快完善社会主义市场经济体制，适应形势的发展和市场的需求。为了适应市场经济，提高各类体育用品的质量，让体育用品行业的生产企业、行业管理部门、质量监督部门、体育运动管理部门的技术人员更好地了解、掌握和实施体育用品类标准，我们应加强体育用品标准化体系的研究，为体育用品行业和体育运动的健康发展奠定理论基础。我们有必要对体育用品标准进行全面调整，分析体育用品现有标准的适用性、科学性和协调性，研究标准化技术组织布局的系统性、完整性和合理性，完善和优化体育用品标准体系，尽快形成以确保体育用品安全为重点，基础标准、产品标准、方法标准与安全标准相互配套，国家标准与行业标准相互协调，强制性标准与推荐性标准定位准确的体育用品标准体系。加强体育用品标准化工作队伍建设，通过积极采用国际标准和国外先进标准，加大与国际接轨的力度，构建服务体育用品产业高质量发展的标准体系、标准化技术组织体系、国际标准化工作推进体系以及标准化保障体系，加快我国体育用品业标准化建设步伐，提高体育用品标准化总体水平。

1.2 研究综述

截至2019年，体育用品标准化建设方面的理论性研究相对薄弱，研究成果很少，经中英文数据库检索到相关研究论文仅22篇。从研究的内容上看，主要集中在：（1）体育用品标准现状和存在问题的研究。体育用品未能真正地根据运动训练及比赛的需要来制定有效的、符合运动原理的产品标准，未能发挥体育科技人员的作用，缺乏现代化测试过程和手段；[①] 企业标准意识较为薄弱，采用国际标准率较低，标准化工作相对滞后，相关部门对标准实施和监督动力不足；[②]标准结构失衡，产品标准较多，基础标准和方法标准较少，标龄长，覆盖面窄，标准老化，安全标准和环保标准缺乏。[③]（2）体育用品标准化发展对策的研究。积极采用国际先进标准，完善体育用品标准的结构，明确体育用品标准制定的主体，规范体育用品标准制定流程。建立全国性体育用品行业协会标准组织，健全技术标准检测和监督体系；要将专利技术与标准化相互融合，把专利技术转化为

① 王明暄.我国体育器材质量标准存在的问题及对策[J].体育与科学，1992(4)：25.

② 肖崍.我国体育用品产业标准化现状与对策研究[J].天津体育学院学报，2008(2)：170-174.

③ 黄迎春.我国体育用品标准结构失衡及其治理研究[J].标准科学，2013(12)：14-16.

标准，提高体育用品标准科技含量、提升产品的国际竞争力。[①]（3）体育用品标准制定和修订的研究。对某一种体育用品标准的使用范围及引用标准、技术要求和技术参数进行研究；[②]新旧标准在产品外观质量、理化性能、物理性能、试验方法及判定规则上的比较分析；对体育用品产品的材料和加工工艺进行实验研究，得出确保产品质量相应的技术参数，制定相应的技术标准和等级标准。在标准体系建设方面，就我国标准体系与国外标准体系进行比较研究，认为我国标准体系与国外发达国家相比还落后许多，标准体系有待进一步完善。也曾对标准化与创新之间的关系进行研究，认为标准化与创新对于企业来说都是不可或缺的，虽然表面上看来二者是相互排斥的，但其实不然，标准化与创新之间相辅相成、互相促进。在其有关优质商品的国际贸易问题研究论文中认为国际标准化可以影响发展中国家商品在国际贸易活动中的表现。

现有的研究成果表明，学界对体育用品标准的研究主要集中在体育用品标准建设现状、体育用品标准化发展对策、体育用品质量标准的研制等方面。未能在体育用品行业发展、体育运动实践发展大背景下，深入系统地研究体育用品标准的演化进程，探讨体育用品标准制定和修订与科技进步、产业升级、市场需求、体育运动技术发展、竞赛规则变化的内在联系；未能以国家标准化体系建设发展规划的战略高度，对我国体育标准化体系的建设及其运行和管理进行整体上全方位的研究。

1.3 研究目的和意义

本课题从体育用品标准化体系建设的历史进程与体育用品行业、体育运动发展的现实需求，从国家标准化体系发展规划的战略高度，以及体育用品行业领域标准工作的具体要求，从体育用品标准化体系的整体构建与

① 刘富生．钟丽．我国体育用品产业技术标准战略问题研究[J]．军事体育进修学院学报，2012，31(2)：8-13.

② 刘圆，区卫钊，万方凯．《乒乓球运动鞋》新旧标准差异探讨[J]．中国纤检，2016(6)：112-113.

某项具体标准制定的科学性、合理性、适用性等方面，对我国体育用品标准化体系建设及其管理体制和运行机制进行系统全面的研究。

1.3.1 研究目的

探索建立结构完整和布局合理的体育用品标准化体系，强化标准间相互衔接、配套和支撑，提高体育用品标准的有效性、协调性、先进性和适用性，提升标准制定和实施的整体水平；探索建立完善的体育用品标准化管理体制，建立高效的体育用品标准化运行机制、建立健全的体育用品标准化实施体系和服务体系，增强标准在提升质量和水平、规范生产和市场、保障健康和安全方面的基础作用；探索全面提升我国体育用品标准化领域的地位的实施途径和措施，促进体育用品科研成果转化，提高标准科技含量，提升体育用品“中国标准”的国际影响力和竞争力。

1.3.2 研究意义

探索建立适应市场需要、技术领先的、满足体育用品产业发展和体育运动实践需求的体育用品标准化体系。为体育用品企业选择和使用标准、提高产品质量、提升竞争力、规避技术壁垒、拓展产品市场提供依据。发挥好体育用品企业在“标准化+”行动中的作用，建立健全技术、专利、标准协同机制，鼓励体育用品企业参与标准化活动，加强先导性、创新性标准研制，主动制定和实施先进标准。加快体育用品企业科技成果标准化、产业化、国际化，将企业创新成果转化为企业标准、国家标准乃至世界标准；为体育用品标准管理部门、质量监督检验机构制定体育用品标准、监督与认证产品质量提供依据。充分调动社会各方面的力量和积极性，优化创新成果与标准紧密结合的政策环境、市场环境、社会环境，形成有利于标准化战略实施的制度和机制。进一步优化体育用品标准体系，推动标准实施，强化标准监督，提升标准化服务能力；为促进我国体育用品市场运行秩序规范，促进统一市场的形成提供支撑和保障；为促进体育用品科技成果转化和技术进步，推动产业结构调整和转型升级提供支撑。

推进科技成果向技术标准转化，推动先进技术推广和应用，推动体育用品标准创新与产品安全、绿色环保等标准化重大工程相衔接，将创新元素全方位融入体育用品标准化工作的各环节、各方面和各领域。健全技术创新与标准化互动支撑机制。对体育用品新材料、新产品、新技术、新工艺，应及时总结研究制定国家标准、行业标准，积极主动参与体育用品国际标准的制定，改革标准供给体系，推动体育用品标准由生产型向消费型、服务型转变，加快培育发展体育用品团体标准；促进供给侧结构性改革，扩大体育用品有效供给，帮助体育消费者合理选择和安全使用体育用品，维护自身合法利益。

对体育用品标准化体系建设进行跨行业、多领域的交叉应用研究，有利于拓展体育用品领域的研究广度、挖掘研究深度，有利于运用新视角、新方法、新理论进行多学科、跨学科研究，在不同专业、领域、学科交叉、渗透和融合过程中，获得关于体育学科的新认识、新思想、新知识，为解决体育用品领域实际问题提供技术手段和理论方法，丰富体育学科的研究成果，完善体育学科的知识体系。

1.4 研究方法与路径

本课题以体育用品标准化体系为研究对象，研究标准化体系的标准要素、标准类型层次、标准结构布局；研究标准之间的相互衔接、相互配套、相互支撑，形成内在联系的有机整体；研究体育用品标准化管理和运行机制，以及标准实施体系和服务体系。

1.4.1 研究方法

（1）文献法。搜集、研读和整理有关体育用品标准及其相关文献资料，如：《深化标准化工作改革方案》《体育标准体系建设指南（2018—2020年）》《工业和信息化部关于促进文教体育用品行业升级发展的指导意见》《2016—2017标准化学科发展报告》《标准化理论与实务》《2017团体标准化发展研究报告》《中国技术标准发展战略研究》《国家技术标准体系建设研究》《体育标准化管理办法》《中国轻工业标准汇编·体育用品卷》《体育用品及器械标准汇编》《体育用品标准编写要求》，以及《中国体育用品信息》《文体用品与科技》等。把握国内外有关体育用品标准研究领域的历史与现状，研究的新动向、新观点和发展趋势，发现和提出存在的问题，为本课题研究设计、分析论证服务。

（2）调查访问法。走访体育用品生产企业、经销商、研究机构、政府部门以及认证、检测和监督机构与消费者等，如：对国家市场监督管理总局标准创新管理司和标准技术管理司、工业和信息化部消费品工业司、国家体育总局体育经济司、国家体育总局体育器材装备中心、中国轻工业联合会、中国纺织工业联合会、中国体育用品业联合会、中国文教体育用品协会、国家体育用品质量监督检验中心、全国体育标准化技术委员会、全国文体用品标准化中心等体育用品标准的发布、归口等管理机构以及体育用品厂商、认证检测机构、专家学者等进行访问；访问相关网站，如：对国家标准化管理委员会、国家标准馆、中国标准服务网、国际标准化组织、欧洲标准化委员会、德国标准化学会、美国实验与材料协会、日本标准协会等国家、国际标准机构有关网络平台进行访问，通过调查访问，把握相关政策文件，掌握国内外体育用品的标准制定、发布及实施等信息，调查体育用品标准的建设和运行现状，了解国内外体育用品的标准化建设现状和发展趋势。

（3）比较法。将我国的体育用品标准化体系管理保障体系与西方体育用品发达国家的体育用品标准体系管理保障体系进行比较，分析其相同点和不同点，找出其存在的问题和差距。

（4）系统方法。对体育用品标准化体系的各部分要素、结构功能、层次类型等进行系统分析，探讨体育用品标准之间相互联系、相互衔接、相互配套的方式和秩序。依据公平效益、适应新技术、便于贸易与市场监管等原则，综合标准系统有效性、协调性、先进性和适用性，对体育用品生产经营活动进行规范管理，为科技与产业化搭建桥梁，促进科技成果转化与技术进步，为产业结构优化和转型升级提供支撑性体育用品标准化体系。

1.4.2 研究路径

本课题以我国体育用品标准化体系建设为主线，遵循“发现问题—分析问题—提出问题—解决问题”的研究路径，通过文献法、调查访问等方法，对我国现有的体育用品标准进行归纳整理。把握国际标准化组织和美国、德国、日本等发达国家体育用品标准化体系的现状和发展趋势，运用标准化原理、质量管理学以及体育学的理论与方法，系统研究我国体育用品标准化体系的标准要素、标准类型层次、标准结构布局，探索其相互衔接、相互配套、相互支撑形成的内在联系。分析标准运行机制和管理体制，把握标准化体系现状，找出和分析存在的问题。在国家标准化体系建设发展规划的战略背景下，依据我国体育用品行业发展、体育运动发展需求，以提高质量和效益为中心，参照国际惯例和借鉴国外成功经验，构建适应市场需要和技术领先的，有效促进我国体育用品业技术进步与转型升级，并与国际体育用品标准接轨的中国体育用品标准体系及其运行机制和管理体制。

1.5 主要观点与创新

探究以我国现行的体育用品标准化管理体制为基础，政府授权的标准化管理机构直接管理，全国体育用品标准化技术委员会具体组织实施，体育用品企业和社会广泛参与的我国体育用品标准运行机制和管理体制。在此基础上，构建适应市场需要和技术领先的、满足体育用品业发展和体育实践需求的体育用品标准体系。

体育运动的发展、运动技术水平的提高、竞赛规则的变化与体育用品产业的发展、技术进步和产业升级、体育用品标准化建设间存在着双向互动关系。体育运动的发展、运动技术水平的提高和竞赛规则的修订，对体育用品标准、产品质量性能提出更高的要求，它将促进技术进步和产业升级、推动体育用品产业的发展；同样，体育用品产业的发展、技术进步和产业升级，体育用品标准的提高、产品质量性能的提升，有利于运动技术水平的提高，促进竞赛规则的修订，推动体育运动的发展。体育用品是一种特殊产品，其质量、性能直接影响到运动技术的有效发挥，关系到运动员的运动成绩和比赛结果，关系到人的生命安全和身心健康。人体运动的动力学和运动学特征、动作结构和技术规范、竞赛规则对体育用品的标准和质量性能都有特殊的要求。运动技术的规律性和有效性、竞赛规则的规范性和通用性，以及场地器材和运动环境的变化制约着对产品结构、规格、质量和检验方法所做的技术规定，制约着体育用品标准的制定。

标准是维护市场经济正常运行的基础，是企业赖以生存和发展的基本条件，是企业的核心竞争力。体育用品标准要能够及时地反映科技创新和市场需求的变化。突出标准引领，保证标准技术指标的先进性、适用性和可靠性，保障体育用品质量安全，推动质量提升。一方面，培育和推动我国体育用品优势、特色技术标准成为国际标准，服务我国企业和产品走出去，拓展体育用品国际市场。另一方面，加大体育用品国际标准跟踪、研究和评估力度，加快转化适合我国实际应用的国际标准。打造适应市场需求和技术领先的，满足体育用品产业和体育运动发展需要，能够有效地与技术法规体系相配套、与实施监督体系相结合的标准体系，增强标准的适应能力和服务能力。

科学技术是标准的基础和内核，标准是科学技术的呈现和转化应用形式，是一定时期科学技术发展水平和实践应用的经验总结。加强体育用品领域科技创新、专利申请、标准制定一体化研究，促进体育用品领域科技成果专利化、专利标准化、标准产业化，实现科学技术创新、成果转化推广、标准研制实施和产业化协调发展。加快科技成果转化为现实生产力，加大体育用品新材料、新产品、新工艺和新技术等体育用品创新成果的标准转化力度，促进科学技术成果有效及时转化为技术标准，提高我国体育用品标准的自主性技术比重，提高标准的科技含量和国际竞争力，发挥标准在科技成果和现实生产力之间的桥梁和催化作用，带动企业科技创新和技术进步，从而加快我国体育用品业结构调整和转型升级。

综合运用系统方法，从体育用品标准体系的时空上进行全面考察，梳理体育用品标准化建设的历史进程，把握体育用品标准发展变化规律和动态趋势；厘清体育用品标准与技术进步和产业升级、体育用品行业发展，以及体育运动发展、运动技术提高和竞赛规则变化的关系，对体育用品标准体系组成要素、层次类型进行系统分析，依据系统完整性、统一性、秩序性、适应性等原则构建体育用品标准体系。

2 体育用品标准化体系概述

根据中华人民共和国国务院印发的《国家标准化发展纲要》内容来看，建立体育用品标准化体系就是构建结构完整和布局合理的体育用品标准化体系，厘清各层次各类型标准的功能定位，完善标准体系的科学性、系统性、统一性和协调性；明确体育用品相关部委、授权行业管理职能行业协会和集团公司，以及有关标准化技术委员会在体育用品标准化体系建设中的职责和作用，完善标准化管理体系和运行机制，提升体育用品标准的适用性、有效性和协调性，形成体育用品标准的制定、修订、实施的良性循环运行系统；健全体育用品标准的实施监督体系、标准化人才培养体系，建立技术标准资源服务平台等保障体系，强化体育用品标准化体系的整体功能，充分发挥标准的规范、引领、协调、支撑和保障作用，提升我国在国际体育用品标准化领域的地位和实力，建立和完善标准化体系是我国体育用品标准化工作全面协调可持续发展的具有长远性的基础工作。

2.1 主要概念

概念是反映对象的本质属性的思维形式。概念是科学思维的基本单位，是科学研究的基础。人类在认识事物过程中，从感性认识上升到理性认识，是将其本质特点加以提炼和概括的过程。科学是通过概念和概念间的关系来反映事物本质和规律的。概念强调其概括的实质内容，有特定的内涵和外延，概念必须做出定义才能有意义。因此本课题研究对将要使用的概念及涉及的问题需加以界定和说明。

2.1.1 体育用品

体育用品是设计生产用于体育活动中的专门物品。现代的体育用品已不再是传统意义上在运动场上，由运动员、裁判员等使用的专门用品，它与普通日常用品相互渗透，向多元化方向发展。体育用品不仅包括各类运动训练与竞赛时使用的专门物品，而且也包括学校体育、大众健身、休闲娱乐时使用的体育用品，如简约舒适、便于活动休闲的服装等。[①]随着体育用品使用范围的延伸、功能的演变、概念外延的拓展，对体育用品进行准确界定显得更加困难。因此，有必要从广义和狭义两个角度来理解体育用品的概念。

体育用品狭义上可界定为专门用于体育竞赛与训练并符合运动项目竞赛规则规定的特殊消费品。它主要用于竞技体育项目中的体育竞赛、运动训练。它的设计制造从体育运动项目的实际需要出发，其结构性能符合运动项目的特点与动作技术的要求，有利于运动员运动成绩的发挥和运动技术水平的提高，有利于运动项目自身的推广发展。如：跑鞋要求轻便、合脚、减震、有抓地力和弹性好等。这类体育用品必须达到一定的产品技术标准，符合各运动项目竞赛规则要求，需要经过产品质量检测监督部门、体育运动专项协会等有关机构检验、认证、审定。体育用品广义上可界定为主要用于体育活动并符合体育活动要求的消费品的总和，包括竞技体育、大众体育和学校体育等活动中所使用的各种体育用品。除竞技体育外用于大众体育和学校体育活动的体育用品，一般对产品的规格、标准要求相对较低，其中包括许多非正式运动项目、新兴运动项目所用的器材设备，有许多是非定型产品，甚至是替代产品，如橡胶篮球、塑料羽毛球

① 钟华梅，王兆红，程冬艳.体育用品出口贸易结构的稳定性及影响因素研究[J].首都体育学院学报，2017，29(1)：13-16，30.

等。国家标准《体育用品的分类》（GB/T 23868—2019）中对体育用品的定义是在进行体育教育、竞技运动和体育运动锻炼过程中使用的产品。体育用品分为运动服装、运动鞋、运动器材、个人运动防护用品、体育辅助用品、运动食品及饮料和体育出版物等7大类。

2.1.2 体育用品标准

标准是为在一定的范围内获得最佳秩序，对活动或其结果规定共同的和重复使用的规则、导则或特性值的文件。该类文件经协商一致制定并需经公认机构的批准。国际标准化组织、国际电工委员会通过“指南”的形式为“标准”下定义：标准是由一个公认的机构制定和批准的文件，它对活动或活动的结果规定了规则、导则或特性值，供共同和反复使用，以实现在预定结果领域内最佳秩序的效益。《技术性贸易壁垒协定》（TBT）给出的定义：标准是经公认机构批准的、规定非强制执行的、供通用或重复使用的产品或相关工艺和生产方法的规则、指南或特性的文件。该文件还可包括或专门关于适用于产品、工艺或生产方法的专门术语、符号、包装、标志或标签要求。上述权威定义明确了制定和发布标准的目的、本质、对象、作用、范围和程序，指出标准具有科学性、时效性、规定性和权威性。标准应建立在科学技术成果和实践经验总结的综合基础上，经各方协商一致制定后经公认机构批准。标准是人类经济与社会活动的技术依据，是一个国家制度建设基础性工作的重要内容。标准是在一定时期和范围内，以促进最佳效益为目的，制定的有关产品、过程或服务的统一的技术要求和规范性文件，旨在提升产品质量和服务水平，保障人体健康和生命财产安全，维护国家利益和生态环境安全，提高经济与社会发展水平。近年来，标准化活动从经济领域不断向社会治理、文化建设、生态文明等方面拓展，成为与国家战略规划、政策法规同样重要的国家治理手段。标准在推动经济提质增效、产业结构调整和转型升级，支撑法治政府的建设、构筑国际竞争的优势、推进高水平对外开放、高质量发展中的基础性和战略性作用日益凸显。依据标准化对象，一般将标准分为技术标准、管理标准和工作标准三大类。

技术标准是对标准化领域中需要协调统一的技术事项所制定的标准。它是根据科学技术发展水平和实践经验总结，对具有普遍性和重复出现的技术问题制定的最佳解决方案。标准的对象既可以是产品、材料、工具等实物，也可以是概念、程序、符号等非实物。技术标准通常可分为基础标准、产品标准、方法标准，以及安全卫生、环境保护等标准。其中，每一种标准可以进一步划分，如技术基础标准可再分为术语标准、符号标准、技术通则性标准、环境条件标准等。技术标准是从事科研、设计、工艺、检验等技术工作以及商品流通中共同遵守的技术依据，是目前大量存在的、具有重要意义和广泛影响的标准。此外，技术规范是标准文件的一种形式，它可以是一项技术标准，也可以是一项标准的一个部分，或者一项标准的独立部分。它是规定着产品、过程、服务应满足技术要求的一种文件，其强制性相对弱于标准。当技术规范在法律程序上正式被确认后，就成为一项技术法规。

管理标准是对标准化领域中需要协调统一的管理事项所制定的标准，管理标准主要是对管理目标、管理项目、管理业务、管理程序、管理方法和管理组织所作的规定。依照管理标准的对象可分为技术管理标准、行政管理标准、业务管理标准、生产组织标准等。

工作标准是对每个岗位职能的工作质量目标、职责权利、要求范围、工作程序、检查方法、效率效果、考核办法所制定的标准，实现工作活动过程工作标准与质量目标协调统一，能够提高工作水平和工作效率。

体育用品标准是为在体育用品生产、流通和使用领域中获得最佳秩序，经协商一致制定并由公认机构批准的共同和重复使用有关于技术要求的文件。体育用品标准是体育用品生产、流通和使用中的技术依据和准则，是体育用品及其相关部门和机构运用技术手段对行业进行监管调控、推动科技进步和提高技术水平的重要途径。

2.1.3 体育用品标准体系

标准体系是由两个以上标准按照一定的相互联系和作用的方式和秩序构成的有机整体系统。在标准的有机整体系统内，各标准按照其标准化对象内部种属关系、层级关系、互补关系等，构成标准的隶属层次结构；依据技术标准、管理标准和工作标准等标准化对象和领域构成标准的组合类型结构；依据标准化对象在活动流程中的时间性和阶段性构成标准的先后次序结构，次序结构是由若干阶段依据时间顺序相互衔接、相继完成的，前一阶段的标准是后一阶段标准实施的前提条件，后一阶段的标准是前一阶段标准的承接和延续。

标准体系的结构是各标准按照一定相互联系、相互作用的方式和次序构成的有一定的功能和特征的有机整体。整体内各部分标准是为了一个共同的整体功能而组合形成，而非各部分简单叠加。标准体系的整体功能大于各组成部分功能之和，并主导和协调各部分的功能，部分是整体的组成部分，并服务从属于整体的功能。标准体系内各项标准相互依存而又相互制约，相互联系而又相互作用。系统内部任何一项标准发生变化，如修订或废止，其他相关的标准都将产生联动变化，需要做相应的标准修订和调整。标准体系的各标准作为构成要素并不是独立的，标准之间存在着相互协调配合、相互约束支撑、相互补充依存的关系，从而构成一个相对稳定有序、统一完整的整体系统。但是，为保证标准体系的适用性和有效性，要求标准体系也具有可分解性。在通常情况下，标准只是一定时期某一技术水平、实践经验和管理能力的反映，具有一定的先进性和阶段性。但随着标准对象的变化、技术或者管理水平的提升以及各方面情况的发展变化，就需要制定新的标准，或者是修订相关标准，这就要求对标准系统进行相应分解，对某些标准作相应制定、修订、修改、废止等，以对标准体系进行全面的维护。

体育用品标准体系内各标准间相互联系、相互作用、相互约束、相互补充，形成一个相对完整统一、有序稳定的整体系统，产生整体效应，从而使体育用品标准体系获得最佳秩序，以获得最佳的效益，提高体育用品的科技含量和质量，提高产品和产业的竞争力，保证体育用品能够正常、方便、安全使用。

2.1.4 体育用品标准化

2004年，ISO与IEC联合发布第2号指南《标准化与相关活动·通用词汇》（ISO/IEC GUIDE 2：2004）对标准化的定义进行了修订：针对现实与潜在的问题，为制定供有关各方共同重复使用的规定所进行的活动，同时在附注中强调标准化包括制定、发布和实施标准的活动，其作用是改善产品、生产过程和服务对于预定目标的适用性。这一活动包括按标准化的理论和方法，制定标准、实施标准和对标准的实施进行监督的整个过程。我国把在一定的范围内获得最佳秩序，对实际的或潜在的问题制定共同的和重复使用的规则的活动，称为标准化。它包括制定、发布及实施标准的过程。

标准化是在经济与社会活动实践中，通过对重复性的事物制定和实施具有统一规范的技术要求，以获得最佳的秩序和经济、社会效益。需要标准化的主体可以是材料、元件、设备等，也可以是程序、规程、方法等。一般情况将标准化的对象视为“产品、过程或服务”。标准化的对象可以围绕事物的某一个特定部分、特征、环节进行。例如，“体操服”这一标准化对象的“尺寸”“弹性”和“耐用性”等可以分别标准化。一组相关的标准化对象被称为“标准化领域”，如：篮球鞋、针织运动服等。标准化作用表现在以下三个方面。

第一，在保障健康、安全、环保等方面，标准化具有坚守底线的作用。通过制定强制性国家标准，保障人的生命健康安全、生态环境安全、国家安全。

第二，在促进经济转型升级、提质增效等方面，标准的本质是技术规范，标准化具有规制作用，在相应的行业领域内具有很强的约束力和影响力。一个关键技术指标的提升，可能会带动企业甚至整个行业的技术改造和转型升级。

第三，在促进科技成果转化、发展新经济等方面，标准化具有引领作用，用标准来引导和规范行业发展是一种新趋势。倡导创新与标准相结合，标准与技术和产品同步，甚至先有标准才有相应的产品。科技创新与标准创新产生“乘数效应”推动着科技成果向产业转化，形成强大的增长动力，有效地发挥科技创新驱动产业发展的作用。

体育用品标准化是运用标准化的原理与方法，解决体育用品领域中存在的现实或潜在的问题，以及制定、发布、实施和监督体育用品标准使其达到规范统一的活动过程，以实现体育用品资源的合理有效的配置，从而获得最佳秩序和最佳的社会、经济效益，使体育用品产业健康、有序地发展。

2.1.5 体育用品标准化体系

标准化体系是指在一定范围内，为了达到最佳秩序而由开展的标准化活动的相关要素间相互联系和相互作用构成的整体系统。标准化整体系统的要素包括标准化目标和战略方针、标准化组织机构及人员队伍、法律法规，以及标准化运行程序。国家标准化体系覆盖经济、社会、文化、生态及政府管理各个领域，贯穿标准制定、实施、监督、服务以及国际化等标准化全过程，是由标准体系、标准实施监督体系、标准化服务和人才培养体系、标准国际化工作体系等共同构成的有机整体系统。这个整体系统不仅立足于更好发挥政府作用，更突出强调发挥市场对标准化资源配置的决定性作用，注重市场自主制定标准的地位，强化市场主体在标准化制定实施监督服务中的作用，建立政府主导标准与市场自主制定标准二元并存发展的标准化体系。标准化体系建设主要内容包括标准体系建设和标准保障体系建设两个部分。标准体系是标准化体系的主体，是标准化体系建立的基础，同时标准保障体系是确保标准体系建设和实施运转、发挥效能的保证和前提。标准体系和标准保障体系互为依存，相互促进，共同推进标准化体系科学发展。

体育用品标准化体系结构功能规定了体育用品标准化的质量目标、措施、职责和程序。体育用品标准化体系的建设完善和有效实施，有力地推动了我国体育用品业标准化管理体系和运行机制、标准实施监督体系、标准人才培养体系、国家标准资源服务平台等保障体系的全面改革和创新。

2.2 标准化原理

标准化原理是标准化活动基本规律和内在联系的高度概括和总结，是通过对大量标准化活动的现象及其本质做系统的观察、分析和判断，概括总结出的关于标准化活动发展及其规律的基本观点和具有普遍意义的基本理论。标准化原理既指导标准化工作实践，又受标准化工作实践的检验，并在标准化工作实践中不断丰富、完善、发展和提高。1952年，国际标准化组织成立标准化原理委员会，作为研究和咨询机构。标准化原理委员会的各国专家学者对标准化概念、理论、方法，标准化效果的测定及其原理进行系统探讨，对标准化的理论与方法研究工作起了有力的推动作用，取得了一批有影响力的标准化研究成果。比较有影响的有T.R.B.桑德斯的《标准化的目的与原理》，1972年出版，作者从标准化的研究目标、理论和方法上总结出了7项原理，明确标准化的本质就是有目的的规范，以减少目前和预防以后事物的复杂性。1972年，松浦四郎出版了《工业标准化原理》，在书中提出19项标准化原理。1981年，中国学者王征出版了《标准化基础概论》，提出了5项标准化原理。1982年，李春田在《标准化概论》中提出了4项标准化原理。中国专家和学者提出的标准化原理概括起来主要有6项基本原理。（1）统一原理：在一定历史条件下，标准化对象的形式、功能或者其他技术特征具有一致性。（2）简化原理：具有相同功能的标准化对象，当其功能多样性超出了一定许可范围，应当剔除其中多余的、可替换的、低功能的环节，保证其结构合理、构成简单、功能达到最佳状态。（3）协调原理：在标准系统中，各部分的功能相互协调支撑时，形成最佳的整体系统功能。（4）最优化原理：在一定限制条件下，按照特定目标，对标准系统的构成要素及其联系进行筛选、设计使其达到理想效果。（5）互换性原理：使原材料和零部件的规格、性能和作用相同，彼此可以相互替换。（6）阶梯原理：在标准化发展的进程中，其发展形势呈现阶梯上升状态。

3 我国标准化活动发展

我国的标准化活动历史悠久，古人很早就有了朴素的标准化思想。早在春秋战国时期，儒家倡导礼乐文化，《礼记·乐记》中就有“乐者，天地之和也；礼者，天地之序也”，强调天地万物间的秩序，反映出标准化意识。孟子曰“不以规矩，无以成方圆”，是我国古代有关标准化的经典表述，体现出标准化理念延伸到了社会领域的伦理关系方面。我国古代的标准化活动在其他生产生活领域也大量存在，《史记》记载大禹治水“左准绳、右规矩”，晋《三国名臣序赞》中的“器范自然，标准无假”，《丞相王导碑》中的“信人伦之水镜，道德之标准也”，都体现了标准规范的一致属性。

建立标准化法律制度最早可溯源至秦朝的《秦律》。秦始皇统一中国之后，通过国家强制力量大规模推行标准化，统一“度量衡”，书同文、车同轨、统一文字、统一货币、统一驰道、统一兵器。秦简《工律》中要求“为器同物者其大小、长短、广狭亦必等”，这是世界史上以标准化手段治理国家的范例。国家利用强制力量保证标准化有效实施，并通过标准化巩固其统治地位。标准化在我国历史上广泛运用于生产和技术领域。《考工记》记载了战国时期官营手工业的各工种规范和制造工艺，一定意义上讲就是一部标准汇编。隋代产生的雕版印刷术，宋代毕昇发明的活字印刷术，乃至于产生并繁盛于唐代的格律诗都是标准化活动的结晶。宋代

《营造法式》详细规范了建筑的技术要求，在保障建筑物质量和安全等方面起到了重要作用。明代，世界上第一部关于农业生产和手工业生产的综合性著作《天工开物》问世，它是我国古代标准化经验的集大成者。李时珍收集、整理和编撰的《本草纲目》是关于中药材的药物特性、药物分类、方剂制备方法的标准化文献。《清代匠作则例》是手工业技术规范的汇编。古籍文献中经常使用的“法式”“程式”“则例”“准程”等，讲的就是“标准”。中国依规矩、守秩序的标准化理念，随着汉唐文化的传播影响深远，一些亚洲国家至今仍然称标准为“规格”。

清朝末年，曾国藩、李鸿章、张之洞大兴洋务运动，兴办军事工业，民族工业开始兴起，一些标准化工作也随之进行。清光绪三十四年（1908），清政府颁布了《奏定度量权衡画一制度图说总表推行章程》，共40条。1934年3月，民国政府实业部草拟了《工业标准化委员会简章》，由行政院公布实施，同年12月成立了工业标准化委员会。该委员会下设土建、机械、电气、汽车、化工、矿冶、染织、农业、医药器材等专业标准化委员会，起草了数百个标准草案，还翻译了国外标准3000多种，颁布了《标准法》《国家标准制定办法》《产品质量标记》等法规文件，并发布了170多项标准。但由于帝国主义侵略和封建军阀割据，许多应该统一的技术要求并不统一，如各地同时使用的电压等级就有日本的100V50Hz，美国的110V60Hz，德国的125V25Hz，英国的220V50Hz等。《标准法》基本得不到贯彻执行。

1949年后，我国的标准化工作进入了新的发展阶段。1949年，在当时的中央技术管理局内设置“标准规格处”，统一管理全国的标准化工作。在1953年制定的国民经济“第一个五年计划”（1953—1957年）中，提出了设立国家管理标准的机构，逐步实行制定国家统一标准的规划。在“第一个五年计划”期间，主要是学习使用苏联的标准，总共翻译和使用了苏联制定的标准4587项。范迪允先生编写出版了《苏联制定标准的方法》，以此来满足新中国成立之初的工业领域建设的技术需要。1956年，我国发布了第一份关于桥式起重机的跨距技术要求的标准，1957年，在国家技术委员会设置了标准局，统一领导全国的标准化工作，同年我国加入了国际电工委员会。1958年，国家技术委员会与国家科学规划委员会合并成立国家科学技术委员会，下设有标准局和计量局。1962年国务院颁布《工农业产品和工程建设技术标准管理办法》，这是我国第一个标准化管理法规。1963年，召开了全国第一次标准化工作会议，并制定了《1963—1972年标准化发展规划》。1972年，原国家科学技术委员会标准局撤销，同时成立国家标准计量局，由中国科学院代管。1978年，原国家标准计量局撤销，成立了国家标准总局，由国家经济委员会代管，同年，我国加入国际标准化组织。1988年，《中华人民共和国标准化法》经全国人民代表大会审议通过，我国标准化工作开始进入法治化发展轨道。1988年国务院决定撤销国家计量局、国家标准局和国家经委质量局，合并组建国家技术监督局，负责全国标准化、计量、质量工作并进行执法监督工作，1998年更名为国家质量技术监督局，属于国务院直属机构，负责统一管理全国质量、标准化和计量工作。2001年，国务院决定由国家质量技术监督局与国家出入境检验检疫局合并组建新的国家质量监督检验检疫总局，总局下设国家标准化管理委员会，2018年3月组建的国家市场监督管理总局，是国务院的一个直属机构。国家标准化管理委员会牌子对外继续保留，以国家标准化管理委员会名义，批准发布国家标准，下达国家标准计划，审议并发布标准化政策、规划、管理制度、公告等重要文件，承担国务院标准化协调机制日常工作等。实现了我国的标准供给由政府主导向政府与市场并重转变，标准化发展由数量规模型向质量效益型转变，标准运用由产业与贸易为主向经济社会全域运用转变，标准化工作由国内驱动向国内国际互动促进转变。

我国标准化工作依据《中华人民共和国标准化法》，实行“统一管理”与“分工负责”相结合的管理体制。“统一管理”是国务院标准化行政主管部门对全国标准化工作实行统一管理；地方标准化行政主管部门对本行政区域内的标准化工作实行统一管理。国务院建立标准化协调推进部际联席会议制度，国务院分管领导任联席会议召集人，加强对标准化工作的统一管理。地方政府可根据当地标准化工作实际需要建立协调推进机制，协调管理本行政区域内标准化工作。国家市场监督管理总局下设标准技术管理司和标准创新管理司。标准技术管理司负责拟订标准化战略、规划、政策和管理制度并组织实施；承担拟订强制性国家标准、推荐性国家标准（含标准样品）和国际对标采标相关工作；协助组织查处违反强制性国家标准等违法行为，承担全国专业标准化技术委员会管理工作。标准创新管理司负责承担拟订行业标准、地方标准、团体标准、企业标准和组织参与制定国际标准相关工作，组织参与国际标准化组织、国际电工委员会和其他国际或区域性标准化组织活动。“分工负责”是政府有关行政主管部门根据职责分工，负责本部门、本行业的标准化工作，也就是国务院有关行政主管部门、县级以上地方有关行政主管部门分工负责本行政区域内的本部门、本行业的标准化工作。如：工业和信息化部（科技司设有标准处）负责本部门、本行业标准化管理工作，组织拟订行业技术规范和标准等。

中华人民共和国成立之初，当时设有中央技术管理局标准规格处，人员编制只有6人。截至2019年8月底，全国有各级标准化管理机构2814个，其中除国家标准委之外，省级管理机构有32个、市地级440个、县级2341个，共有各级管理人员5210人。此外，全国还有各类标准化研究机构423个，各类研究人员5334人。

截至2019年12月底，国家标准共38347项，其中强制性标准2131项，推荐性标准36216项；国家标准样品共1785项，共批准设立70类行业标准，备案行业标准共65998项。备案地方标准共42881项，共有3042家社会团体在平台注册，平台上共公布12195项团体标准，平台注册企业共268894家，其中244217家企业通过平台自我声明公开1269641项标准，涵盖2175732种产品。政府主导制定的标准和市场自主制定的标准相互补充、相得益彰，标准供给日益多元化。全国共有专业标准化技术委员会1324个，包括552个专业技术委员会（TC），760个分技术委员会（SC）和12个标准化工作组（SWG），涵盖了国民经济和社会发展的方方面面。技术委员会的委员来自政府、行业协会、企业、检测机构、研究院所、大专院校和消费者等各方面代表，目前共有委员近5万人，其中包括155名两院院士。进一步提高了技术委员会委员构成的广泛性、合理性，贯彻落实外商投资法，扩大了外资企业代表参与比例。截至2019年底，外资企业代表累计人数3053人。我国现在是国际标准化组织的145个技术委员会和356个分技术委员会的积极（P）成员，49个技术委员会和238个分技术委员会的观察（O）成员，已承担ISO、IEC的73个技术机构主席和副主席、88个技术机构的秘书处工作，与54个国家、地区标准化机构和国际组织签署了97份标准化双多边合作文件，共发布国家标准外文版721项。2016年我国成功承办了第39届ISO大会和第83届IEC大会。我国与49个国家和地区标准化机构签署了85份合作协议，中国主导制定发布国际标准371项，特别是近两年在ISO提交和立项国际标准项目200余项，提出和重点参与了500多项国际标准制定修订项目，积极分享中国标准化事业发展的成功实践，连续两年成为国际标准提案最多的国家之一，在ISO大家庭中的贡献上升到第四位。中国标准在国际上的影响越来越大，截至2019年底，中国是过去10年在标准化领域里进步最快的国家。

为贯彻落实《深化标准化工作改革方案》，我国标准化法制体系不断健全，相继颁布了《中华人民共和国标准化法》及其配套法规、规章50多部，实施了国家标准化体系建设发展规划、消费品质量和标准提升规划等一系列制度性措施，相继出台《深化标准化工作改革方案》《国家标准化体系建设发展规划》《“十四五”推动高质量发展的国家标准体系建设规划》《强制性国家标准管理办法》《行业标准管理办法》《地方标准管理办法》《企业标准化管理办法》《关于进一步加强行业标准管理的指导意见》《国家标准采用国际标准工作指南（2020年版）》等一系列政策法规，为开展标准化活动指明了方向，提供了政策法规保障。为统筹协调全国标准化工作，我国建立了国务院标准化协调推进部际联席会议，相应省、市的地方政府也相继建立了标准化工作协调推进机制，国家标准体系的协调性、适用性、系统性和开放性显著增强，国家标准化体系基本建成，标准供给和保障能力明显提升，标准化质量效益不断显现。《国家标准化发展纲要》于2021年10月由中共中央、国务院印发，这是我国标准化发展的纲领性指导文件。通过改革，由政府供给的单一标准体系，转变为由政府主导制定的标准和市场自主制定的标准共同构成的新型标准体系。这样，国家标准、行业标准和地方标准等“政府标准”与团体标准、企业标准等“市场标准”之间协调配套、协同发展，形成共同治理的新局面。行业标准逐步向公益性标准转化，并实行即报即备和备案月报制度。我国发布《团体标准管理规定》，实施团体标准培优计划，发挥团体标准在引领新业态、新产业、新模式发展中的作用；取消企业标准的备案制度，实施企业产品标准的自我公开声明和监督制度。我国的标准化政策法规体系日趋完善，标准供给更加多元高效。

4 国外体育用品标准化现状

体育运动是一种国际化、社会化、普及化程度极高的人类社会活动，也是具有一定技术难度和体能要求的人体运动。体育的器材设备以及运动服装的性能、规格、安全、卫生要求是体育运动顺利开展的保证。体育用品涉及体育锻炼活动的效果、运动竞赛的成绩和纪录认定，涉及运动员的身心健康和生命安全。国际奥委会和各单项国际组织对各种体育器材与设施有着统一的要求和规定。当今国际各类体育活动的交流和体育赛事举办频繁，体育用品产业快速发展，体育用品国际贸易量日益增加，体育用品的性能、规格、安全、卫生等技术标准问题不仅引起国际体育组织高度关注，也是国际标准化组织和各国标准化组织共同关心的问题。成立国际体育用品标准化组织，制定体育用品国际标准，进行标准信息交流、国际合作，共同研究有关体育用品标准化问题，这些都促进了国际体育用品标准化活动的日趋频繁，协调机制也逐步建立起来。

4.1 国际标准化组织与体育用品标准

国际标准化组织是目前世界上最大、最具权威性的国际标准化专门机构，总部设在瑞士日内瓦。1946年，来自世界25个国家的代表在伦敦成立了国际标准化组织，目前拥有165个国家标准机构成员，是一个由各国标准化机构组成的全球性独立的非政府国际组织。国际标准化组织的宗旨和目标是促进全球标准化活动，推动国际贸易，加强各国在科学、技术及经济等领域的合作。其主要活动是协调世界范围的标准化工作，制定国际标准，组织各成员国和技术委员会开展标准化的交流与合作，以及与其他国际组织进行协作，共同研究和协商解决国际标准化问题。2021年2月23日ISO发布了《ISO战略2030》，一方面，要将国际标准化组织的成员及其利益相关方组织在一起，就国际标准应对全球挑战达成一致；另一方面，制定国际标准支持全球贸易，促成包容和公平的经济增长形势，促进科技创新，保障人们的健康安全，注重环保，实现面向未来的可持续发展，以实现“标准无处不在”“满足全球需求”“倾听各方声音”三大战略目标。国际标准化组织现有技术机构包括技术委员会、分技术委员会、工作组（WG）和特设小组，截至2020年12月31日，制定了235674个国际标准，其中2020年新出版标准1627个。

1955年，国际标准化组织设立了“国际标准化组织体育与休闲器材及设施技术委员会”（ISO/TC 83），工作范围为术语、公差、尺寸、功能、操作、维护、培训、性能和安全要求及其测试的标准化，包括物理（包括传统）和虚拟（包括电子竞技）的相关测试设备的维护。着手制定体育及康乐设备的产品、工艺或生产方法的专门术语、符号、包装、标志或标签要求，以及功能测试和安全要求，包括用于娱乐目的的设备（例如绳索课程设备、游乐场设备、充气设备、水滑梯、露营帐篷、休闲步道设备、漂浮休闲用品、睡袋、冰球设备、雪上运动设备等），不包括游乐设施和娱乐设备的安全（ISO/TC 254）范围内的国际标准所涵盖的游乐设施和游乐设备。ISO/TC 83的秘书国为德国，中国是该组织的正式成员国，与我国体育用品标准化委员会运动器材分技术委员会对口。

目前国际标准化组织体育与休闲器材及设施技术委员会下设3个分委员会和14个工作小组：

3个分委员会：

（1）ISO/TC 83/SC 4：雪上运动装备（Snowsports Equipment）；

（2）ISO/TC 83/SC 5：冰球设备和设施（Ice hockey Equipment and Facilities）；

（3）ISO/TC 83/SC 6：武术设备和设施（Martial Arts）。

14个工作小组：

（1）ISO/TC 83/WG 2：露营帐篷（Camping Tents）；

（2）ISO/TC 83/WG 3：夏季雪橇滑道（Summer Toboggan Runs）；

（3）ISO/TC 83/WG 4：检测游泳池溺水事故的计算机视觉系统（Computer Vision Systems for the Detection of Drowning Accidents in Swimming Pools）；

（4）ISO/TC 83/WG 5：放风筝（Kite Boarding）；

（5）ISO/TC 83/WG 6：运动危害识别和风险评估（Hazard Identification and Risk Assessment）；

（6）ISO/TC 83/WG 7：野营睡袋（Sleeping Bags）；

（7）ISO/TC 83/WG 8：游乐场设备（Playground Equipment）；

（8）ISO/TC 83/WG 9：漂流休闲用品（Floating Leisure Articles）；

（9）ISO/TC 83/SC 4/WG 1：滑雪靴和单板滑雪靴（Boots for Ski and Snowboard）；

（10）ISO/TC 83/SC 4/WG 2：滑雪板和滑雪板的绑定（Bindings for Ski and Snowboard）；

（11）ISO/TC 83/SC 4/WG 3：滑雪板和滑雪板（Skis and Snowboards）；

（12）ISO/TC 83/SC 5/WG 3：用于冰球运动的防护装备（Protective Equipment for use in Ice Hockey）；

（13）ISO/TC 83/SC 6/WG 1：武术服装：（Martial Art Clothing）；

（14）ISO/TC 83/SC 6/WG 2：武术装备（Martial Art Equipment）。

4.2 欧洲标准化委员会与体育用品标准

欧洲标准化委员会（European Committee for Standardization，缩写 CEN）

始建于1961年，1971年起欧洲标准化委员会迁至布鲁塞尔，其宗旨在于促进成员国之间的标准化协作。1983年欧盟按照在技术标准和法规领域提供信息的程序（83/189/EEC指令），正式确认了欧洲标准化组织地位的合法性，主要负责除电信与电工领域以外的欧洲标准化工作。CEN的标准是衡量欧盟市场上产品质量的主要标准，也是ISO制定国际标准的重要基础。CEN标准的类型主要有欧洲标准（EN）、技术报告（TR）、技术规范（TS）和CEN研讨会协议（CWA）。欧洲标准是由欧洲标准化委员会技术委员会或者欧洲标准化委员技术局的任务小组（BTTF）起草，由CEN技术局审核批准的技术性规范文件。欧洲标准是CEN各类型标准中执行力最强的一种标准，欧盟各成员国必须将欧洲标准等同转化为本国的国家标准，并废止与欧洲标准相悖的国家标准。一旦某项欧洲标准被批准立项，任何欧盟成员国在没有得到CEN技术局许可的情况下，不允许制定或修改相同内容的国家标准，这种义务被称作“停止政策”（Standstill），以便各国集中精力到欧洲标准起草和协调上。但欧洲标准属于自愿性的，相当于我国的推荐性国家标准，企业也是自愿执行的。2021年2月，欧洲标准化委员会和欧洲电工标准化委员会联合发布了新版欧洲标准化战略——《CEN-CENELEC战略2030》，在整个欧洲单一市场推广单一标准，制定和采用由市场驱动，制定过程公开、透明、具有包容性并以广泛共识为基础，适用于欧洲、欧洲自由贸易联盟以及欧洲之外其他国家和地区的通用标准。

欧洲标准化委员会设有体育、运动场地及其他娱乐设施装备技术委员会（CEN/TC 136），负责制定有关体育娱乐设施与装备的概念术语、性能要求、安全要求、操作要求、测试方法、试验方法、服务要求、消费者和用户信息、安装和维护等标准，共制定发布了欧洲体育用品标准284项。体育、运动场地及其他娱乐设施装备技术委员会下设49个分技术委员会和工作组，主要有：

（1）CEN/TC 136/SC 1：儿童游乐场设备（Playground Equipment for Children）；

（2）CEN/TC 136/WG 2：健身中心设备（Fitness Centres Equipment）；

（3）CEN/TC 136/WG 10：轮滑运动器材（Roller Sports Equipment）；

（4）CEN/TC 136/WG 15：绳索项目（Ropes Courses）；

（5）CEN/TC 136/WG 16：休闲水疗和健康中心（Floating Leisure Articles for use on and in Water）；

（6）CEN/TC 136/WG 17：蹦床公园设备（Trampoline Parks）；

（7）CEN/TC 136/WG 22：体操和运动场设备（Gymnastic and Playing Field Equipment）；

（8）CEN/TC 136/WG 3：水滑梯和水上游乐设备水上滑梯（Water Slides and Water Amusement Equipment Water Slides）；

（9）CEN/TC 136/WG 4：固定式训练设备（Stationary Training Equipment）；

（10）CEN/TC 136/WG 5：登山装备（Mountaineering and Climbing Equipment）；

（11）CEN/TC 136/WG 6：滑翔伞设备（Paragliding Equipment）；

（12）CEN/TC 136/WG 8：游泳池设备（Swimming Pool）。

4.3 德国标准化学会与体育用品标准

德国标准化学会（Deutsches Institut für Normung，缩写 DIN）成立于1917年，是欧洲具有广泛代表性的最大的民间公益性标准化机构，总部设在首都柏林。1975年5月21日，德国标准委员会更名为德国标准化学会，同年6月5日，德国标准化学会与德国联邦政府签订了一项协议：联邦政府承认并授权DIN是联邦德国和西柏林的全国性标准化主管机构，让其代表德国参加非政府性的国际和地区标准化机构活动。德国标准化学会的宗旨为通过有关方面的协作和共同努力，为了公众的利益，制定和发布德国标准及其他标准化工作成果，并促进其实行，以有利于经济、科学、技术、管理和公共事务等方面的合理化、有序化、质量保证、安全和相互理解。DIN是一个经注册的私营性质行业协会，目前大约有6000家企业公司和组织机构成为其会员单位，设有123个标准委员会和3655个工作委员会。DIN制定的德国标准涉及采矿、化工、冶金、电工、建筑工程、环境保护、安全技术、卫生健康、家政、消防、运输等多个领域。截至1998年底，共制定发布了2.5万项德国标准，每年大约制定1500项标准。其中80%以上的标准已被欧洲各国所采用。按承担TC/SC技术秘书处数量和资助额统计，在ISO中的DIN贡献率为19%，居世界第一位，英国标准协会（BSI）为17%，居第二位；在欧洲标准化委员会与欧洲电工标准化委员会的联合机构CEN/CENELEC中的贡献率，DIN为28%，仍居第一位，法国标准学会（AFNOR）为22%，居第二位，BSI为21%，居第三位。大多数德国标准都是为本国市场需要而制定的，但德国标准也在欧洲各个国家中被广泛采用，以及被向德国和欧盟各国出口的厂商广泛使用。而且，由于德国标准的严谨规范和内容翔实，在产品研发和教学培训中被世界各国标准化机构采用。2016年11月3日，DIN发布了《德国标准化战略》：标准化促进国际和欧洲贸易；标准化成为放松管制的一种工具；德国引领面向未来议题的全球标准化工作；企业和社会成为标准化的驱动力量，企业将标准化作为重要的战略工具，其标准代表着安全和高质量、高效的标准化工作过程，被世界各国所认同。

德国是制定体育用品标准最多的国家。1949年，DIN成立了运动装备标准委员会（Sports Equipment Standards Committee NA 112），负责制定有关体育竞赛、运动训练、娱乐休闲和运动康复的体育设施和装备的国家标准。德国运动装备标准委员会所制定的产品标准（包括安全标准）和相关具体各部分的服务标准代表了欧洲标准化委员会和国际标准化组织的标准水平。运动装备标准委员会下设分技术委员会，在各分技术委员会之下设工作组。

分技术委员会有：

（1）NA 112 BR：运动和休闲设备DIN标准委员会（NASport）顾问委员会（Beirat des DIN-Normenausschusses Sport- und Freizeitgerät）；

（2）NA 112-01 FB：体操器材、运动器材和体育设施系（Fachbereich Turngeräte，Sportgeräte und Sportanlagen）；

（3）NA 112-02 FB：房车露营（Fachbereich Caravaning und Camping）；

（4）NA 112-03 FB：冬季运动与航空（Fachbereich Wintersport und Flugsport）；

（5）NA 112-04 FB：运动防护用品（Fachbereich Sportschutzausrüstungen）；

（6）NA 112-05 FB：水上运动及充气游乐设备（Fachbereich Wassersport und aufblasbare Freizeitgeräte）；

（7）NA 112-06 FB：自行车（Fachbereich Fahrräder）；

（8）NA 112-07 FB：休闲设施（Fachbereich Freizeiteinrichtungen）；

（9）NA 112-08 FB：参考标准和质量管理（Referenznormen und Qualitätsmanagement）。

如：NA 112-01 FB：体操器材、运动器材和体育设施系下设：

（1）NA 112-01-01 AA：田径器材（Dormant Athletic Equipment）；

（2）NA 112-01-02 AA：体操设备、垫子和运动场设备（Gymnastic Equipment，Mats and Playing Field Equipment）；

（3）NA 112-01-04 AA：训练器材（Training Equipment）；

（4）NA 112-01-06 AA-dormant：乒乓球（Table Tennis）；

（5）NA 112-01-07 AA-dormant：滚轮运动器材（Roller Sports Equipment）；

（6）NA 112-01-08 AA-dormant：人工攀爬设施（Artificial Climbing structures）；

（7）NA 112-01-09 AA：绳索项目（Ropes Courses）；

（8）NA 112-01-10 AA：健身俱乐部（Fitness Club）；

（9）NA 112-01-11 AA-dormant：高尔夫球（Golf）；

（10）NA 112-01-12 AA-dormant：松紧带（Slacklines）。

4.4 美国材料试验协会与体育用品标准

美国材料试验协会（American Society for Testing and Materials，缩写ASTM）是美国历史最悠久的标准化组织之一，也是全球最大的国际化标准制定组织之一。ASTM是一支由来自140多个国家的超过30000名成员组成的专业队伍。ASTM标准涵盖机械设备、消费品、电子产品、石油化工、环境保护、医疗服务、纺织服装、能源、建筑和冶金等领域。在世界上美国材料试验协会具有较高的地位和权威性，在全世界范围内ASTM标准得到了广泛的关注与应用。目前有超过12000项ASTM标准在全球范围内运行。美国标准共分为国家标准、政府标准、专业标准和公司标准四级。国家标准是指经各方协商一致认可的美国国家标准。政府标准是由政府各部门颁布的标准，主要是安全、卫生健康和环境保护方面的标准，以及为政府部门采购而制定的标准。专业标准是各行业协会、社会团体、专业学会制定适用于本专业或行业的标准。公司标准是供公司内部设计、制造、采购和质量监控使用的标准。2021年1月6日，美国公开发布的《美国标准战略》（2020版）明确提出随着美国标准战略环境的不断变化，标准的作用显得更加重要。美国自愿性标准不仅是美国经济的发展基础，也是美国关键基础设施安全、公共健康与安全的建设基础。同时，美国公共部门与私营部门也更为全面地从“人力、资源、技术贡献和智力活力”等方面支撑和完善美国标准体系，而这一标准体系对于促进公共利益，提高公共健康和国家安全，推动科技创新和提升美国国家竞争力，并助力构建更加公平和自由化、便捷化的全球贸易体系具有重要作用，明晰了美国对国际标准体系秩序和功能的界定与自身作用的发挥，提升了美国标准体系在应对未来挑战与科技创新中的灵活性与包容性。ASTM共设有140多个技术委员会，下共设有2004个分技术委员会，主要制定130多个专业领域的概念术语、试验方法、规范、指南、规程和标准等。美国材料试验协会有3个技术委员会涉及体育用品标准工作：运动器材和设施技术委员会（F08）、雪上和水上运动技术委员会（F27）、轻型运动飞机技术委员会（F37）。

运动器材和设施技术委员会（F08）成立于1969年，有600名成员，参加25个分技术委员会以及若干技术小组的工作，其重点仍然是制定和审查标准，包括运动头盔和防护设备、球棒和高尔夫球、自行车、露营、登山设备、运动鞋，运动和健身设备，冰球场、溜冰公园和其他设施等专业领域的标准。运动器材和设施技术委员会已制定与发布125项体育用品标准，2004年11月出版了《体育设备、娱乐装备、轻型体育航行器标准》，书中搜集了257个体育用品标准，其技术小组委员会主要有：

（1）F08.10：自行车（Bicycles）；

（2）F08.12：体操和摔跤器材（Gymnastics and Wrestling Equipment）；

（3）F08.15：冰球（Ice Hockey）；

（4）F08.16：射箭产品（Archery Products）；

（5）F08.17：蹦床及相关设备（Trampolines and Related Equipment）；

（6）F08.18：狩猎（Treestands）；

（7）F08.22：野营用品（Camping Softgoods）；

（8）F08.24：彩弹和设备（Paintball and Equipment）；

（9）F08.25：休闲篮球器材（Recreational Basketball Equipment）；

（10）F08.26：棒球和垒球装备（Baseball and Softball Equipment）；

（11）F08.27：气枪（Airsoft）；

（12）F08.28：马术表面（Equestrian Surfaces）；

（13）F08.29：格斗运动器材（Combative Sports Equipment）；

（14）F08.30：健身产品（Fitness Products）；

（15）F08.31：曲棍球设备（Lacrosse Equipment）；

（16）F08.51：医学方面和生物力学（Medical Aspects and Biomechanics）；

（17）F08.52：其他比赛场地（Miscellaneous Playing Surfaces）；

（18）F08.53：头饰和头盔（Headgear and Helmets）；

（19）F08.54：运动鞋（Athletic Footwear）；

（20）F08.55：车身衬垫（Body Padding）；

（21）F08.57：运动用眼安全（Eye Safety for Sports）；

（22）F08.63：游乐场铺面系统（Playground Surfacing Systems）；

（23）F08.64：自然运动场地（Natural Playing Surfaces）；

（24）F08.65：人造草坪表面和系统（Artificial Turf Surfaces and Systems）；

（25）F08.65.16：人造草坪环境因素专题组（Task Group on Environmental Factors of Synthetic Turf）；

（26）F08.66：体育设施（Sports Facilities）；

（27）F08.67：撑杆跳（Pole Vault）；

（28）F08.69：用于公共场所的商业安装的体育专用设备（Commercially-Installed Sports-Specific Equipment for Use in Public Venues）；

（29）F08.80：常用术语、方法和实验室实践（Common Terminology, Methods and Laboratory Practices）；

（30）F08.90：执行委员会（Executive）；

（31）F08.92：US TAG 到 TC 216 鞋类（US TAG to TC 216 on Footwear）；

（32）F08.93：US TAG 到 TC 83 关于体育和其他娱乐设施和设备（US TAG to TC 83 on Sports and other Recreational Facilities and Equipment）；

（33）F08.94：US TAG 到 TC 94 SC 6 关于眼睛和面部保护（US TAG to TC 94 SC 6 on Eye and Face Protection）；

（34）F08.95：奖项和荣誉（Awards and Distinctions）；

（35）F08.96：US TAG 到 ISO/TC 149/SCl 循环（US TAG to ISO/TC 149/SCl on Cycles）；

（36）F08.97：US TAG ISO/TC83/SC5 关于冰球设备和设施（US TAG ISO/TC83/SC5 on Ice Hockey Equipment and Facilities）；

（37）F08.98：座谈会与宣传（Ymposia and Publicity）；

（38）F08.99：长期规划（Long Range Planning）。

在F08.10 Bicycles自行车之下有7个工作组：

（1）F08.10.01：配件（Accessories）；

（2）F08.10.02：车架（Frames）；

（3）F08.10.03：刹车（Brakes）；

（4）F08.10.04：车轮（Wheels）；

（5）F08.10.05：悬架和前叉（Suspension and Forks）；

（6）F08.10.06：先进材料与方法（Advanced Materials & Methods）；

（7）F08.10.07：阀杆/H型杆/曲柄（Stem/H-Bar/Crank）。

雪上和水上运动技术委员会（F27）成立于1982年，委员会的工作范围是制定规范、测试方法、促进技术和术语的标准化，主要用于雪上和水上运动的个人设备（包括但不限于滑雪、单板滑雪、滑水、滑水和充气设备），以帮助减少潜在风险的伤害，做好与雪地和水上运动设备标准相关的知识宣传，以及与其他ASTM委员会和其他有共同利益的组织的协调。国际雪上和水上运动技术委员会工作组有：

（1）F27.10：结合测试程序（Binding Test Procedures）；

（2）F27.30：滑雪和单板滑雪设备（Skiing and Snowboarding Equipment）；

（3）F27.40：辅助设备（Ancillary Equipment）；

（4）F27.50：商店零售和租赁程序［Shop Procedures（Retail and Rental）］；

（5）F27.60：研究与统计（Research and Statistics）；

（6）F27.65：新项目（New Projects）；

（7）F27.70：自由式地形跳跃功能（Freestyle Terrain Jump Features）；

（8）F27.80：水上运动器材（Water Sports Equipment）；

（9）F27.83：国际标准（International Standards）；

（10）F27.90：执行委员会（Executive）。

轻型运动飞机技术委员会（F37），该委员会处理与轻型运动飞机（LSA）的设计、性能、质量验收测试和安全监控相关的问题。LSA包括由飞行员认证为操作轻型运动飞机创建的两类飞机：特种轻型运动飞机（用于个人飞行和飞行训练），或租赁和实验轻型飞机、运动套件飞机。该委员会拥有大约175名成员，参与该标准倡议的利益相关者包括LSA（飞机、滑翔机、动力降落伞、重量转移控制飞机、旋翼机等）的制造商、教员、休闲飞行员、零部件制造商和监管机构。主要工作是制定轻型运动飞机相关标准和技术的开发，包括最低安全性能和飞行熟练要求，检查程序、零件、材料和组件的形式，以确保符合设计标准，保证飞机的制造、安装与控制，以及验收测试和程序，以确保制造完成的飞机符合原生产型飞机所展示的报告性能。该技术委员会目前拥有超过36项标准的归口管理权，这些标准发表在ASTM标准年鉴第15.09卷中。F37有9个技术小组委员会对这些标准保持归口管理权。ASTM的每个主要委员会都由分委员会组成，这些分委员会负责处理技术委员会所涵盖的一般主题领域内的特定部分。

F37的9个技术小组委员会：

（1）F37.10：滑翔机（Glider）；

（2）F37.20：飞机（Airplane）；

（3）F37.30：动力降落伞（Power Parachute）；

（4）F37.40：重量转移（Weight Shift）；

（5）F37.50：旋翼机（Gyroplane）；

（6）F37.60：比空气轻（Lighter than Air）；

（7）F37.70：横切（Cross Cutting）；

（8）F37.90：执行委员会（Executive）；

（9）F37.91：术语（Terminology）。

此外，成立于1978年的游乐设施和设备委员会（F24），下设有F24.65帆伞运动Parasailing（F3099-19帆伞运动标准实践，F2993-13安全滑翔伞操作天气条件监测标准指南）；F24.61冒险景点Adventure Attractions（F2970-20蹦床场设计、制造、安装、操作、维护、检查和重大改造的标准做法）；F24.70与水上有关的游乐设施和设备Water Related Amusement Rides and Devices（F2461-20a水上游乐设备制造、建造、操作和维护的标准实践）工作组。

1970年成立的全美体育器材设备标准工作委员会（NOCSAE），由一些在体育设备相关团体和机构中的代表组成，其中包括体育用品制造商、经销商、体育培训人员、教练人员、体育设备管理人员，运动医学和消费者组织等。代表主要来自美国大学健康协会、美国骨科运动医学学会、体育设备管理协会、全国中学校长协会董事局、国家体育设备经销商协会、国家运动训练协会、美国运动医学学院、体育用品制造商协会，以及高校足球协会等。该委员会负责体育器材设备，主要是棒球、曲棍球和橄榄球用品的标准的制定和产品的认证工作，并针对最迫切需要标准的地方进行研究，最初以橄榄球头盔为主要研究目标，旨在减少运动员在体育运动中受到的伤害。NOCSAE制定运动器材性能和测试标准有两类标准：一般标准和特定运动标准。此外，NOCSAE发布了对测试人员、技术人员和制造商有帮助的指南。指南不是标准的一部分，也不是强制性的，但它们确实提供了满足性能标准要求的测试和抽样程序示例。

4.5 英国标准协会与体育用品标准

英国标准协会于1901年由设计伦敦塔桥的John Wolfe-Barry爵士创立，BSI委员会于1901年1月22日举行成立大会，时称英国工程标准委员会，总部设在首都伦敦，是世界上第一个国家标准机构。BSI首批发布的标准之一与电车轨道的钢轨有关。1939年至1945年第二次世界大战期间，普通标准工作停止，BSI集中精力制定了400多个“战争应急标准”。1929年工程标准委员会被授予皇家宪章。1931年被授予了皇家补充宪章，最终更名为英国标准协会。1942年，英国政府正式授权BSI为唯一发布国家标准的组织。BSI在国际标准化组织、国际电工委员会和欧洲标准组织（CEN）、欧洲电工标准化委员会（CENELEC）和欧洲电信标准协会（ETSI）中代表英国的利益。1982年11月24日，英国标准协会与英国政府签订了《联合王国政府和英国标准学会标准备忘录》，该标准中条文规定，今后英国政府各部门将不再制定标准，一律采用英国标准协会制定的英国标准（BS），特别是在各项政府采购和技术立法活动中直接引用BS。政府参加英国标准协会各种技术委员会的代表将以政府发言人身份出席会议。英国标准协会加强与政府部门、制造业、商业界、服务业的合作，促进英国标准、欧洲标准和国际标准的制定。2003年，英国标准协会、工业联合会和英国贸工部联合发布了《国家标准化战略框架》：促使英国全面实施标准化战略，推广先进标准和经验，增强竞争优势，拓展新兴市场并推进企业技术创新；帮助英国政府有效实施标准，以满足公共政策、法律法规和经济社会发展的需要；建立一个协调高效，满足标准使用者各方面不同需求的标准体系和支撑体系。

英国标准协会设有运动、游乐场和其他娱乐设备技术委员会（SW/136），运动、游乐场和其他娱乐设备技术委员会下设若干个分技术委员会和工作组：

（1）SW/136/-/14：运动、游乐场和其他娱乐设备——马鞍架（Sports, Playground and other Recreational Equipment—Saddle Trees）；

（2）SW/136/-/15：运动、游乐场和其他娱乐设备——冒险课程（Sports, Playground and Other Recreational Equipment—Adventure Courses）；

（3）SW/136/-/6：运动、游乐场和其他娱乐设备——滑翔伞（Sports, Playground and other Recreational Equipment—Paragliding）；

（4）SW/136/11：睡袋和帐篷（Sleeping Bags and Tents）；

（5）SW/136/19：人工攀爬结构（Artificial Climbing Structures）；

（6）SW/136/2：健身俱乐部（Fitness Clubs）；

（7）SW/136/22：运动、游乐场和其他娱乐设备——体育馆和运动场设备（Sports, Playground and other Recreational Equipment—Gymnasium and Playing Field Equipment）；

（8）SW/136/22/2：蹦床公园（Trampoline Parks）；

（9）SW/136/4：运动、游乐场和其他娱乐设备——固定训练设备（Sports, Playground and other Recreational Equipment—Stationary Training Equipment）；

（10）SW/136/5：运动、游乐场和其他娱乐设备——登山设备（Sports，Playground and other Recreational Equipment—Mountaineering Equipment）；

（11）SW/136/8S：游泳池和水上设备（Wimming Pools and Aquatic Equipment）；

（12）SW/136/8/1：用于游泳教学的浮力辅助设备（Buoyant Aids for Swimming Instruction）；

（13）SW/136/8/3：水滑梯和水上游乐设备（Water Slides and Water Play Equipment）；

（14）SW/65：儿童游乐设备（Children's Playground Equipment）；

（15）SW/65/-/3：轮式运动设施（Wheeled Sports Facilities）；

（16）SW/65/-/6：充气游乐设备（Inflatable Play Equipment）；

（17）SW/65/-/7：EN 1176任务组（EN 1176 Task Group）；

（18）SW/65/1：跑酷（Parkour）；

（19）SW/65/2：可自由使用的运动器材（Freely Accessible Exercise Equipment）。

4.6 法国标准学会与体育用品标准

法国标准学会于1926年建立，是根据法国民法经国家批准成立的一个非营利性民间机构，是法国政府承认和资助的全国性标准化管理机构，总部设在首都巴黎。1941年法国政府颁布法令，确认法国标准学会为全国标准化主管机构，并在政府标准化管理机构——标准化专署领导下，组织和协调全法国标准化工作，代表法国参加国际和区域性标准化机构组织的活动。其主要任务：协调法国标准的制定；在欧洲和国际标准化机构中代表法国并维护国家利益；组织向公众征求标准意见，并批准发布法国标准；推动标准的实施和采用；开展标准产品服务和标准体系的认证，以及法国标准NF标志的认证。法国标准学会制定的标准主要分为，基础标准：涉及术语、指南、方法、标志和标记等；产品标准：规定产品以其所要达到的性能和技术指标的要求等；试验方法和分析标准：用于测试这些产品的性能技术指标等；管理和服务标准：涉及企业运行、管理以及服务活动的模式等。自1926年以来，学会及其子公司构成了一个为普遍利益和经济发展服务的国际集团，其员工达1270名，39个分支机构，拥有68000名客户。2019年法国发布了《法国标准化战略（2019—2021）》，其主要目标是加强法国标准体系涉及相关政府部门间的协调性，强化法国标准体系与科技创新以及高等教育之间的联系，动员地方政府、非政府组织、企业、消费者的广泛参与，以完善法国标准体系，保证其广泛使用实施，为经济社会发展提供更好的支撑，增强法国在欧洲和国际标准化活动中的影响力。

法国标准学会设有消费品、运动和休闲技术委员会，其下设运动和休闲材料、设备技术委员会，包括自然环境（水上运动、自行车运动、冬季运动等）或特定区域（游泳池、游乐场）中，集体和个人休闲所进行的有类型运动使用的设备和材料，以及儿童游乐场设备、个人运动防护设备等方面的分技术委员会和工作组，主要包括：体育活动个人防护装备、冲浪设备、滑雪设备、山地自行车设备、体育与休闲活动设备材料等，已制定发布了50多个体育用品标准。

（1）AFNOR/S700：体育活动的个人防护装备（Equipements de Protection Individuelle Pour Activités Sportives）；

（2）AFNOR/S52EA：娱乐和运动设备和设施（Equipements et Aménagements Ludiques et Sportifs）；

（3）AFNOR/S52C：登山装备攀登（Materiel Alpinisme Escalade-SUIVI CEN/TC 136/WG5）；

（4）BNAAH/S52K：潜水装备，不包括潜水呼吸器和潜水服（Equipements de Plongée，hors Appareils Respiratoires de Plongée et Vêtements de Plongée）；

（5）AFNOR/S52L：游泳池、相关的水上设备和漂浮的休闲用品（Piscines à Usage Public et/ou Collectif，Équipements Aquatiques Associés et Articles de Loisirs Flottants)；

（6）AFNOR/S52O：滑雪装备（Matériel de Ski)；

（7）AFNOR/S52PN：运动和户外活动（Sports et Activités de Pleine Nature)；

（8）AFNOR/S52R：人工攀爬结构（Structures Artificielles D'escalade)；

（9）AFNOR/S52S：滑翔伞（Parapente)；

（10）AFNOR/S52T：滑雪装备（Matériel de Ski)；

（11）AFNOR/S72E：冰球头盔（CF Miroir Du CEN/TC 158/GT 7 Casques De Hockey Sur Glace)；

（12）AFNOR/S52U：防护垫（TAPIS)；

（13）AFNOR/S52WF：户外健身器材（Equipements de Fitness de Plein Air)；

（14）AFNOR/S52Z：乒乓球桌（Tables de Tennis de Table)；

（15）AFNOR/S53E：溜冰鞋/滚轮的结构（Structures Pour Skates/rollers)；

（16）AFNOR/S52N：射箭器材（Materiel D'archerie)；

（17）AFNOR/S53M：射箭防护结构（Structure Protection Pour Tir A L'Arc)；

（18）AFNOR/ 53N：溜冰鞋、滑板和滑板车（Patins，Planches à Roulettes et Trottinettes)；

（19）AFNOR/S53W：滑板车、滑板车（Trottinettes，Patinettes)；

（20）AFNOR/S53X：滑雪场的保护床垫和网（Matelas et Filets de Protection pour pistes de ski)；

（21）AFNOR/S54F：游乐场设备（Equipements D'aires de Jeux)；

（22）AFNOR/S55J：健身房（Salles de Remise en Forme)；

（23）AFNOR/S56V：生活休闲车（Vehicules Habitables de Loisirs)；

（24）AFNOR/P90G：运动地板（Sols Sportifs)；

（25）AFNOR/S52J：固定训练器（Appareils Dentrainement Fixe)；

（26）BNAAH/S52K：潜水装备，不包括潜水呼吸器和潜水服（Equipements de Plongée， hors Appareils Respiratoires de Plongée et Vêtements de Plongée）；

（27）AFNOR/KITE SURF：风筝冲浪（Kitesurf）。

4.7 日本标准协会与体育用品标准

日本标准协会（Japanese Standards Association，缩写JSA）于1945年12月6日由经济产业省批准组建，其宗旨是成为致力于标准化和质量管理的知识和技术开发，开展标准化普及和宣传工作的民间公益性机构。2019年4月1日成立日本标准协会集团，总部设在首都东京，在日本全国设有7个分部，拥有1.2万名会员，主要任务是标准的制定与修订和发布；研究制定技术术语和管理通则等基础标准草案；举办各种标准化与质量管理培训班；出版发行标准和标准化刊物、标准化与质量管理书籍，每年平均出版650种JSA标准；组织标准化与质量管理宣传普及和交流活动，每年定期举办全国标准化大会、标准化与质量管理大会和质量月活动；组织质量体系和环境管理体系审核员登记注册工作；参与国际标准化交流与合作活动。下设标准技术部、教育培训部、质量体系审核员注册中心（JRCA）、环境管理体系审核员注册中心（JSA EMS）、日本质量管理体系审核员注册中心（JSA-Q）等机构。在日本工业领域设有日本工业标准委员会（Japanese Industrial Standards Committee JISC），JISC由经济产业省批准设立，依据工业标准化法对全国工业标准化进行调查和审议，制定和修订日本工业标准，协调并发布日本工业活动标准。JISC由许多全国委员会组成，在规范全国工业的活动中发挥着至关重要的作用。JISC下设三个委员会：基本方针分委员会、标准第一部标准分委员会、标准第二部标准分委员会。基本方针分委员会由委员、临时委员和专家顾问组成，审议标准化与评定合格的基本方针、体系管理的基本方针和标准第一部、标准第二部以外的事项。标准第一部标准分委员会由会员、特邀会员、专家会员组成，在ISO

相关领域（不包括JTC1和JTC2领域），响应JIS的建立和修订等行业标准和国际标准，讨论与实施合格评定有关的制度、认可/认证制度、国际互认等事项。标准第二部标准分委员会由委员、临时委员和专家委员组成，在IEC相关领域（包括JTC1和JTC2领域）响应JIS的建立和修订等行业标准和国际标准，JIS讨论与实施合格评定有关的制度、认可/认证制度、国际互认等事项。2014年日本发布了《日本标准化战略（2014）》。标准化战略推进活动与日本创造新兴市场，强化竞争力，发展日本国内产业息息相关。日本内阁之下各省（厅）跨越不同产业领域，对标准化工作的体制机制进行必要的调整。为了加强日本参与国际标准化活动的主导权，政府与民间团体有必要在人才培养、国际合作等方面加强协调，推动标准化工作进程。

日本工业标准委员会已经制定发布各项标准11923项。在日本工业标准体系中，体育用品标准（运动器材：JIS S70）列在“日常用品标准”（JIS S）之下。

5 我国体育用品标准化建设

体育用品标准化工作是体育用品产业、体育产业和体育事业发展的技术支撑，是体育用品产业技术进步和高质量发展的重要手段。这决定了体育用品标准必须以体育用品的各个生产领域为服务对象，对体育用品生产、流通和使用中实际的或潜在的问题制定共同的和重复使用的规则，使整个体育用品领域获得最佳秩序，使体育用品全生产领域、全生产过程，以及产品全生命周期、全消费市场都能够达到产品质量有标可保、市场规范有标可循、创新驱动有标引领、转型升级有标支撑的效果，保障体育用品业健康、规范、有序地高质量发展。体育用品业是一个混合型产业，在我国的产业分类体系中，它横跨轻工、纺织、兵器、化工等行业领域。因此，有必要将所有生产用于体育活动并符合体育活动要求的特殊消费品的企业集合起来进行梳理，厘清体育用品的产品生产涉及哪些部门、行业和领域。分类不仅为人们认识具体事物提供导向，而且有利于认识事物间的相互联系与作用的方式和秩序，事物发展演进与运动变化的路径和形式，使复杂的事物简单化、条理化、秩序化和系统化。因此，分类是科学研究的必要步骤，是揭示事物发展变化规律的必要条件，也是科学研究中共同使用的一种方法。分类是标准化工作的基础，是统一和交流的前提。从现有的分类标准和规范性文件看，主要有国家标准《国民经济行业分类》（GB/T 4754—2017）、《所有经济活动的国际标准行业分类》（Rev.4）、《国际标准分类法》(ICS)、《中国标准文献分类法》(CCS)以及《体育用品的分类》(GB/T 23868—2019)、《体育产业统计分类(2019)》(国家统计局令第26号)等。

5.1 标准分类法与体育用品标准

分类是统一、规范和交流的前提，也是标准化工作的基础。国际标准机构和世界各国对标准的分类都高度重视，都制定了自己的统一标准分类方法。随着世界标准化工作的快速发展，各自为政的标准分类法已不能适应世界标准化活动交流和信息交换的需要，特别是在世界贸易便利化、数字化、信息化不断涉及标准的情况下，全球货物贸易、服务贸易发展迅猛，统一标准分类法对于国际合作与交流就显得越来越重要和迫切。为促进我国标准化工作尽快与国际接轨，我国在标准文献分类管理和检索中规定使用《国际标准分类法》，以消除标准分类造成的标准交流障碍。1997年原国家技术监督局宣布，开始在全国范围内采用《国际标准分类法》，为此，国家技术监督局通知，要求在国家标准、行业标准、地方标准上，标注新的ICS分类号。由于ICS是基于西方特点编制的分类法，不能完全适合我国的国情和实际需要，因此，我国在采用《中国标准文献分类法》的同时，也采用ICS。这样既满足了标准文献的国际交流的需要，又适应了中国标准文献的管理特点和实际需要。

5.1.1 《国际标准分类法》与体育用品标准

《国际标准分类法》是由国际标准化组织编制的标准文献分类法。ICS作为国际、地区间和国家标准，以及其他标准文献目录框架结构的基础，是国际、区域性和国家标准的秩序体系的构建依据，也可作为信息数据的排序工具，以用于图书馆和数据库中标准及标准文献的分类，从而促进国际、区域性和国家标准以及其他标准文献在世界范围内的交流传播。1991年ISO组织完成了《国际标准分类法》的制定工作，并不断更新ICS的版本，微调其各级类目，1994年，ISO在其颁布的标准中采用ICS分类号，德国紧接其后采用，于1994年在其颁布的德国国家标准中采用了ICS分类号。为此，世界贸易组织（WTO）委托国际标准化组织负责《技术性贸易壁垒协定》中有关标准通报事宜的具体实施。WTO秘书处共同起草了一个备忘录，其中明确指出标准化机构在其通报工作计划时，要使用《国际标准分类法》，并积极向其成员组织推荐ICS分类体系，消除由各自为政的分类法造成的混乱导致的标准交流障碍，以期获得全球范围内标准分类工作中的统一。ICS已在国际、区域标准化组织和世界各国得到广泛应用。

2015年ISO公布了《国际标准分类法》（第7版），该分类法由两部分组成，第一部分为前言，内容包括ICS的作用、描述、使用规则、版本更新、使用方法、领域清单等。第二部分是ICS的主体，由三级类目构成，一级目录采用2位数表示，二级目录采用3位数表示，三级目录也采用2位数表示。一级目录有40个大类，涵盖了40个标准化的活动领域。在40个一级目录中又细分为392个二级目录，其中的144个目录进一步细化为909个三级目录。在《国际标准分类法》（第7版）中，“体育设备与设施”（Sports Equipment and Facilities）列在“家用、娱乐和体育商用设备”（Domestic and Commercial Equipment Recreation Sports）一级目录之下的“娱乐设备”（Sports Equipment and Facilities）二级目录之中，并列出6个三级目录，如下：

97.220：体育设备与设施（Sports Equipment and Facilities）

（1）97.220.01：综合体育设备设施（Sports Equipment and Facilities in General）；

（2）97.220.10：体育设施（包括游泳池、温泉浴场、日光浴室、运动场、跑道、观赏性体育设施等）Sports Facilities（Including Swimming-pools，Spas，Solaria，Sports Fields，Running-tracks，Spectator Facilities for Sports，etc.）；

（3）97.220.20：冬季运动设备（包括冰球、滑雪板和滑雪设备）Winter Sports Equipment（Including Ice Hockey，Snowboard，and Ski Equipment）；

（4）97.220.30：室内运动设备（包括体操器材、排球、篮球、手球、家庭运动教练机等）Indoor Sports Equipment（Including Equipment for Gymnastics，Volleyball，Basketball，Handball，Home Sports Trainers，etc.）；

（5）97.220.40：户外及水上运动设备（包括登山、足球、网球、游泳、潜水等设备）Outdoor and Water Sports Equipment（Including Equipment for Mountaineering，Football，Tennis，Swimming，Diving，etc.）；

（6）97.220.99：其他运动设备及设施（Other Sports Equipment and Facilities）。

表1 《国际标准分类法》中现行体育用品标准

序	代码与名称	国家标准		行业标准		地方标准		合计	
		标准数量	标准占比	标准数量	标准占比	标准数量	标准占比	标准数量	标准占比
1	97.220.01:综合体育设备设施	13	8.18%	1	2.63%	12	10.43%	26	8.33%
2	97.220.10:体育设施	28	17.61%	4	10.53%	37	32.17%	69	22.12%
3	97.220.20:冬季运动设备	16	10.06%	3	7.89%	18	15.65%	37	11.86%
4	97.220.30:室内运动设备	40	25.16%	5	13.16%	4	3.48%	49	15.71%
5	97.220.40:户外及水上运动设备	21	13.21%	2	5.26%	7	6.09%	30	9.62%
6	97.220.99:其他运动设备及设施	9	5.66%	7	18.42%	11	9.57%	27	8.65%
7	体育场地标准	32	20.12%	16	42.10%	26	22.60%	74	23.72%
合计(97.220:体育设备与设施)		159	100.00%	38	100.00%	115	100.00%	312	100.00%

注：1.根据全国标准信息公共服务平台（http://std.samr.gov.cn/）数据整理；2.书

中所有百分比数值均保留两位小数。

经全国标准信息公共服务平台（http：//std.samr.gov.cn/）检索，截至2021年12月31日，依据《国际标准分类法》，检索到“体育设备与设施”（97.220）中的标准312项，（见表1）其中，国家标准159项、行业标准38项、地方标准115项。在“体育设备与设施”之下的6类中，体育设施的国家标准、行业标准、地方标准之和69项，占全部312项标准的22.12%，列首位，依次为室内运动设备49项，占15.71%，冬季运动设备37项，占11.86%，其他运动设备及设施27项，占8.65%，综合体育设备设施26项，占8.33%。在159项国家标准中，室内运动设备40项，占25.16%，列首位，在38项行业标准中，其他运动设备及设施7项，占18.42%，列首位，在115项地方标准中，体育设施37项，占32.17%，列首位。但在312项标准中，有许多是体育场地设施标准，尤其在“体育设施”（97.220.10）中，有大量的场地设施标准，如：国家标准GB 19197—2003《卡丁车场建设规范》，GB/T 34280—2017《全民健身活动中心管理服务要求》，行业标准TY/T 1003—2005《游泳、跳水、水球和花样游泳场馆使用要求及检验方法》，TY/T 4001.2—2018《汽车自驾运动营地服务管理要求，地方标准》DB3401/T 233—2021《体育赛事 项目管理规范》，DB42/T 1548—2020《马术场地通用技术规范》等。

5.1.2 《中国标准文献分类法》与体育用品标准

《中国标准文献分类法》是我国制定的一种标准文献分类法。早在1983年，我国原国家标准局就开始着手研究编制中国标准文献分类方法，并于1984年8月发布了《中国标准文献分类法》（试行）。通过一段时间试行后，原国家技术监督局组织进行了修订补充，修订后的CCS版本，吸取了四年多试行的经验和意见，增加了30多个二级类目，对范围注释作了大量的补充说明，在二级类目设置、配置和配号等方面进行了系统梳理，并做了较为合理的调整，更便于标准文献的检索和管理。《中国标准文献分类法》从1990年1月1日起正式实施至今，《中国标准文献分类法》的分类体系采用的是字母与数字混合分类法，原则上由一级目录和二级目录两个层级组成。一级目录为主类，目录设置基本以专业分类为主，共设置了24个专业目录，目录号分别用一个大写英文字母表示。二级目录采用两位阿拉伯数字表示，每一个一级目录包含有00—99数字，共设有100个二级目录。通过规划配置，目前设置了1606个二级目录，剩余的作为扩充使用。在《中国标准文献分类法》中，体育用品列在一级目录轻工、文化与生活用品（Y）之下的二级目录文教、体育、娱乐用品（Y50/59）之中，设有体育设施及器械（Y55）和体育用品（Y56），此外，在其他二级目录中，也列出了体育用品。

（1）Y55：体育设施及器械（体育场设施、体育比赛设备、各种体育器械等。航空体育设备列入V59，如：滑翔机、航模、运动伞等）；

（2）Y56：体育用品（各种体育用品及军体用品等。猎枪、烟火枪、信号枪及其弹药等）。

表2 《中国标准文献分类法》中现行体育用品标准

序	代码与名称	国家标准		行业标准		地方标准		合计	
		标准数量	标准占比	标准数量	标准占比	标准数量	标准占比	标准数量	标准占比
1	Y55:体育设施及器械	148	82.22%	56	65.12%	57	82.61%	261	77.91%
2	Y56:体育用品	32	17.78%	30	34.88%	12	17.39%	74	22.09%
合计		180	100.00%	86	100.00%	69	100.00%	335	100.00%

注：1.根据全国标准信息公共服务平台（http://std.samr.gov.cn/）数据整理；2.书中所有百分比数值均保留两位小数。

经全国标准信息公共服务平台（http：//std.samr.gov.cn/）检索，截至2021年12月31日，依据《中国标准文献分类法》，共检索到体育用品国家标准180项、行业标准86项、地方标准69项，合计“体育用品标准”335

项，（见表2）其中，“体育设施及器械”（Y55）标准261项：国家标准148项、行业标准56项、地方标准57项。在“体育用品”（Y56）标准74项中，国家标准32项、行业标准30项、地方标准12项。在《中国标准文献分类法》的335项体育用品标准中，“体育设施及器械”的标准261项，占77.91%，“体育用品”标准74项，占22.09%。其中“体育设施及器械”的国家标准148项，列首位，“体育用品”的地方标准12项，列末位。但在335项标准中，有许多是体育场地设施标准，尤其在“体育设施及器械”中，有大量的场地设施标准，如：国家标准GB/T 34419—2017《城市社区多功能公共运动场配置要求》，GB/T 22517.7—2018《体育场地使用要求及检验方法 第7部分：网球场地》，行业标准TY/T 4001.2—2018《汽车自驾运动营地服务管理要求》，JG/T 191—2006《城市社区体育设施技术要求》，地方标准DB36/T 1542—2021《山地户外运动基地建设与评价规范》，DB43/T 1733.2—2020《健身步道配置指南 第2部分：健身步道》等。

由以上两表可以看出，在《国际标准分类法》《中国标准文献分类法》中，检索到的“体育用品”的标准，无论是体育用品地方标准、行业标准、国家标准，还是标准类别和标准数量，都是不相同的。这不仅是两种分类方法框架结构不同、侧重点和实际需要不同，而且体育用品的定义和界定范围也不同。《国际标准分类法》中“体育设备与设施”包括“体育设备”和“体育设施”两个部分。“设施”汉语是指：“为满足某种需要而建立起来的机构、系统、组织、建筑等。”英语Facilities是指：“设施、设备、机器等特别装置；供特定用途的场所等。”这里的“体育设施”主要是指专门供体育活动特定用途的场所。它是为了满足运动训练、运动竞赛及大众体育消费需要而专门修建的各类体育场馆的总称，包括场馆内大型的设备。“设备”汉语通常是指“一组大中型的机械和器材集合体”。英语Equipment意为“设备、装备、机械和器材等”。“体育设备”主要是指放置在体育运动场所的机器、机械、器械、器材、用品、用具、装备、器具等。“设施”与“设备”的区分主要在于设施涉及的范围比较广泛，是为某种需要独立设计的系统，一般不具备流水线批量生产的特性，如体育场和体育馆。而“设备”是这个系统中的组成元素，是为某种需要而开发生产的一套器械装备，“设备”具体到某些体育器械或体育用品时，是具有可以流水线重复生产和批量销售的特性。设施包含设备，设备从属于设施，并为设施整体功能服务。设施一般具有不可移动性，而设备常具有可移动性，如体育馆的篮球架，体育场上的足球门等。《中国标准文献分类法》中列出了“体育设施及器械”“体育用品”两类。“器械”一般是由多个部件按照机械原理组装成的具备特定使用功能和手工辅助功能的组合产品。“体育设备”一般包括体育器械和体育器材，“体育器械”一般指较大型的结构复杂的体育活动专用设备，如跑步机、划船机等，“体育器材”一般是指结构简单的小型设备，如足球、标枪等。“用品”是指人类能够使用的物品。“体育用品”是指“在进行体育教育、运动竞赛和体育锻炼过程中使用的专门用品”。通常是体育器械、器材等设备，也包括运动鞋、运动服饰等，一般可分为运动器材、运动服、运动鞋三大类。从《国际标准分类法》《中国标准文献分类法》列出的“体育设备与设施”“体育用品”的概念说明和范围界定来看，两者都不包括运动服和运动鞋（见表1、表2），《国际标准分类法》中也不含有“运动型自行车”“运动型摩托车”。在《中国标准文献分类法》中也未列出“航空体育设备”，如：滑翔机、航模、运动伞等，也未列出“体育特殊用途钟表”，如运动计时仪器。而《国际标准分类法》和《中国标准文献分类法》中都包含了不属于体育用品范畴的“体育场馆”以及相应场馆“体育服务”的标准，如：检索“97.220.10：体育设施”，有国家标准“体育场所开放条件与技术要求”（第1—31部分）31项，行业标准“汽车自驾运动营地星级划分与评定”4项，地方标准“场馆体育功能专项检测”等21项。由此可见，在《中国标准文献分类法》《国际标准分类法》中，对“体育用品”和“体育用品标准”的概念以及外延范围的界定，与我国通常所认为的体育用品、体育用品标准体系及其分类还有一定的差异。

《国际标准分类法》和《中国标准文献分类法》依据标准化对象和标准化领域，将标准文献主题内容所属学科、专业进行划分归类，遵循分类的唯一性原则，故每一标准在分类体系中是唯一的，对应唯一标识代码。分类的序列采取先从一般再到具体排列，从总到分、从简到繁的逻辑顺序构建标准分类框架。《国际标准分类法》类目的设置按术语标准和图形符号标准可先纳入术语和图形符号类，再按标准化对象所属专业领域分入专业类，某一标准可根据其主题内容和范围，或者主题侧面分入多个二级类目或三级类目中，如所涉及的主题范围包括了一个二级类目以下的全部三级类目，则标准应分入此二级类目，如“体育词汇（01.040.97）”归类到“综合、术语学、文献、标准化（01）”，“运动服装”归类到“服装61.020、鞋袜61.060”，“运动车辆”归类到“摩托车和机动自行车43.140、自行车43.150、专用汽车43.160”。《中国标准文献分类法》类目的设置以专业划分为主，分类体系中设有通用标准与专用标准两类标准，“通用标准”，是指两个以上专业领域共同使用的标准，而“专用标准”是指某一专业领域内使用的具有特殊用途的标准。在《中国标准文献分类法》中，对这两类标准采取通用标准相对集中、专用标准适当分散的原则进行处理。例如：“体育特殊用途钟表”标准归入“时间计量仪器N9”，“V航空、航天类”滑翔机、航模、运动伞等标准归入“航空体育设备V59”。但对各类有关的“体育用品”如：发令枪、猎枪、烟火枪及其弹药等标准归入“体育用品Y55”，“毛皮、皮革与人造革制品Y48”的球类标准归入“体育用品Y55”。

经全国标准信息公共服务平台（http：//std.samr.gov.cn/）、国家标准馆资源检索系统（http：//www.nssi.org.cn/）、中国标准服务网（http：//www.cssn.net.cn/cssn/）检索，截至2021年12月31日，依据标准化对象和标准化领域（体育用品或体育用品产品部门），对每项标准标注的ICS代码和CCS代码进行整理，剔除“体育场馆”“体育服务”的标准。体育用品标准在《国际标准分类法》中分布，（见表3）共有体育用品标准602项，其中国家标准191项、行业标准169项、地方标准90项、团体标准152项，分别占体育用品标准总数的31.73%、28.07%、14.95%、25.25%。体育用品标准涉及类型多、行业领域面广，覆盖到87个目录，其中二级目录36个，三级目录

51个。在《国际标准分类法》中“运动设备和设施97.220”及其6个三级目录（运动设备和设施综合97.220.01、运动设施97.220.10、冬季运动设备97.220.20、室内运动设备97.220.30、室外和水上运动设备97.220.40、其他运动设备和设施97.220.99）中，体育用品标准合计290项，占各类标准总和的48.17%，其中，国家标准116项，占全部国家标准60.72%，行业标准57项，占全部行业标准33.73%，地方标准37项，占全部地方标准41.11%，团体标准80项，占全部团体标准52.63%。第二大类是“运动着装”[含鞋袜61.060，纺织物59.080.30，服装61.020，帽子、服饰品、衣扣61.040，防护服装13.340.10，服装工业（词汇）01.040.61，纺织产品综合59.080.01，铺地织物59.080.60，铺地非织物97.150] 9个目录，是根据各运动项目的特点、规则规定、运动员体型等因素，以及有利于运动水平发挥的要求而设计制作的服装和相关装饰物品，包括运动服装、运动鞋、运动帽、运动袜、运动手套、运动包等。其中，国家标准23项，占全部国家标准12.03%，行业标准39项，占全部行业标准23.07%，地方标准9项，占全部地方标准9.99%，团体标准30项，占全部团体标准19.74%。如按单一目录标准的数量排序，“室内运动设备”的体育用品标准数74项，占全部标准数的12.29%，列首位，其中有国家标准40项，占全部国家标准的20.94%、行业标准12项，占全部行业标准的7.10%、地方标准3项，占全部地方标准的3.33%、团体标准19项，占全部团体标准的12.50%。排列第二的是“运动设施”58项，占全部标准数的9.63%，“鞋袜”56项，占全部标准数的9.30%，列第三。此外，“教育03.180”的体育用品标准29项，占各类标准总和的4.82%。教育类体育用品标准主要是学校体育用品标准。如，由四川省教学仪器设备研究所起草，四川省教育标准化技术委员会归口管理的关于中小学体育器材起跑器、体操垫等系列地方标准20项。

在体育用品标准涉及的87个目录中，有38个单一目录只有1项体育用品标准，有16个单一目录只有2项标准，54个单一目录合计标准70个，少于“室内运动设备”的标准数74项，表明体育用品标准类型多，分布领域广，但同时也反映体育用品标准的分布相对分散，联系不紧密，协调性不强，标准的系统性、合理性和整体性较弱。

表3　现行体育用品标准在《国际标准分类法》中分布

ICS代码	名称	国家标准		行业标准		地方标准		团体标准		总计	
		标准数量	标准占比	标准数量	标准占比	标准数量	标准占比	标准数量	标准占比	标准数量	标准占比
97.220.30	室内运动设备	40	20.94%	12	7.10%	3	3.33%	19	12.50%	74	12.29%
97.220.10	运动设施	17	8.90%	9	5.33%	15	16.67%	17	11.18%	58	9.63%
61.060	鞋袜	12	6.28%	24	14.20%	3	3.33%	17	11.18%	56	9.30%
97.220.40	室外和水上运动设备	20	10.47%	5	2.96%	3	3.33%	18	11.84%	46	7.64%
97.220.01	运动设备和设施综合	12	6.28%	2	1.18%	5	5.56%	16	10.53%	35	5.81%
97.220	运动设备和设施	7	3.66%	18	10.65%	8	8.89%	0	0.00%	33	5.48%
03.180	教育	1	0.52%	6	3.55%	20	22.22%	2	1.32%	29	4.82%
97.220.99	其他运动设备和设施	9	4.71%	10	5.92%	3	3.33%	6	3.95%	28	4.65%
59.080.30	纺织物	7	3.66%	11	6.51%	0	0.00%	6	3.95%	24	3.99%
97.200	文娱活动设备	1	0.52%	11	6.51%	2	2.22%	7	4.61%	21	3.49%
97.220.20	冬季运动设备	11	5.76%	1	0.59%	0	0.00%	4	2.63%	16	2.66%
61.020	服装	3	1.57%	2	1.18%	2	2.22%	6	3.95%	13	2.16%
11.180	残疾人用设备	8	4.19%	0	0.00%	0	0.00%	0	0.00%	8	1.33%

续 表

ICS代码	名称	国家标准		行业标准		地方标准		团体标准		总计	
		标准数量	标准占比	标准数量	标准占比	标准数量	标准占比	标准数量	标准占比	标准数量	标准占比
59.140.35	皮革制品	3	1.57%	3	1.78%	0	0.00%	2	1.32%	8	1.33%
83.160.99	其他轮胎	2	1.05%	4	2.37%	0	0.00%	1	0.66%	7	1.16%
67.040	食品综合	1	0.52%	6	3.55%	0	0.00%	0	0.00%	7	1.16%
13.340.20	头部防护设备	6	3.14%	0	0.00%	1	1.11%	0	0.00%	7	1.16%
35.240	信息技术应用	1	0.52%	3	1.78%	1	1.11%	1	0.66%	6	1.00%
59.080.40	涂覆织物	0	0.00%	6	3.55%	0	0.00%	0	0.00%	6	1.00%
11.040.60	治疗设备	0	0.00%	3	1.78%	1	1.11%	2	1.32%	6	0.10%
97.200.50	玩具	2	1.05%	0	0.00%	0	0.00%	3	1.97%	5	0.83%
11.080.99	有关消毒和灭菌的其他标准	1	0.52%	4	2.37%	0	0.00%	0	0.00%	5	0.83%
01.020	术语学原则和协调配合	0	0.00%	0	0.00%	0	0.00%	5	3.29%	5	0.83%
11.040.99	其他医疗设备	0	0.00%	3	1.78%	0	0.00%	1	0.66%	4	0.66%
01.040.97	家用和商用设备、体育、文娱(词汇)	3	1.57%	0	0.00%	0	0.00%	0	0.00%	3	0.50%
03.200	娱乐、旅游	2	1.05%	0	0.00%	1	1.11%	0	0.00%	3	0.50%
39.040.99	其他计时仪器	2	1.05%	1	0.59%	0	0.00%	0	0.00%	3	0.50%

续 表

ICS代码	名称	国家标准		行业标准		地方标准		团体标准		总计	
		标准数量	标准占比	标准数量	标准占比	标准数量	标准占比	标准数量	标准占比	标准数量	标准占比
97.180	其他家用和商用设备	2	1.05%	1	0.59%	0	0.00%	0	0.00%	3	0.50%
31.120	电子显示器件	1	0.52%	2	1.18%	0	0.00%	0	0.00%	3	0.50%
97.200.40	游戏场	1	0.52%	1	0.59%	0	0.00%	1	0.66%	3	0.50%
27.010	能源和热传导工程综合	0	0.00%	0	0.00%	3	3.33%	0	0.00%	3	0.50%
97.140	家具	0	0.00%	1	0.59%	0	0.00%	2	1.32%	3	0.50%
97.100.01	加热器具综合	0	0.00%	0	0.00%	0	0.00%	3	1.97%	3	0.50%
03.080.30	消费者服务	2	1.05%	0	0.00%	0	0.00%	0	0.00%	2	0.33%
49.095	客运设备和座舱设备	2	1.05%	0	0.00%	0	0.00%	0	0.00%	2	0.33%
33.160.99	其他音频、视频和视听设备	2	1.05%	0	0.00%	0	0.00%	0	0.00%	2	0.33%
01.120	标准化总则	1	0.52%	0	0.00%	1	1.11%	0	0.00%	2	0.33%
47.08	小型船	1	0.52%	1	0.59%	0	0.00%	0	0.00%	2	0.33%
79.08	半成品材	1	0.52%	0	0.00%	1	1.11%	0	0.00%	2	0.33%

续 表

ICS代码	名称	国家标准		行业标准		地方标准		团体标准		总计	
		标准数量	标准占比	标准数量	标准占比	标准数量	标准占比	标准数量	标准占比	标准数量	标准占比
67.160.20	无酒精饮料	1	0.52%	0	0.00%	0	0.00%	1	0.66%	2	0.33%
91.160.20	室外照明	1	0.52%	1	0.59%	0	0.00%	0	0.00%	2	0.33%
13.180	人类工效学	0	0.00%	0	0.00%	0	0.00%	2	1.32%	2	0.33%
25.040.30	工业机器人、机械手	1	0.00%	0	0.00%	0	0.00%	2	1.32%	3	0.50%
13.340.99	其他防护设备	0	0.00%	0	0.00%	2	2.22%	0	0.00%	2	0.33%
61.040	帽子、服饰品、衣扣	0	0.00%	1	0.59%	1	1.11%	0	0.00%	2	0.33%
83.020	橡塑和塑料工业的生产工艺	0	0.00%	0	0.00%	1	1.11%	1	0.66%	2	0.33%
91.16	照明	0	0.00%	2	1.18%	0	0.00%	0	0.00%	2	0.33%
97.17	人体保健器具	0	0.00%	2	1.18%	0	0.00%	0	0.00%	2	0.33%
97.200.30	野营设备和营地	0	0.00%	0	0.00%	1	1.11%	1	0.66%	2	0.33%
13.320	预警和报警系统	1	0.52%	0	0.00%	0	0.00%	0	0.00%	1	0.17%
13.340.10	防护服装	1	0.52%	0	0.00%	0	0.00%	0	0.00%	1	0.17%
47.08	小型船	1	0.52%	0	0.00%	0	0.00%	0	0.00%	1	0.17%

续 表

ICS代码	名称	国家标准		行业标准		地方标准		团体标准		总计	
		标准数量	标准占比	标准数量	标准占比	标准数量	标准占比	标准数量	标准占比	标准数量	标准占比
91.160.01	照明综合	1	0.52%	0	0.00%	0	0.00%	0	0.00%	1	0.17%
01.040.13	环保、保健与安全（词汇）	0	0.00%	1	0.59%	0	0.00%	0	0.00%	1	0.17%
01.040.61	服装工业（词汇）	0	0.00%	0	0.00%	1	1.11%	0	0.00%	1	0.17%
01.140.30	行政管理、商业和工业文件	0	0.00%	0	0.00%	1	1.11%	0	0.00%	1	0.17%
11.040.70	眼科设备	0	0.00%	0	0.00%	1	1.11%	0	0.00%	1	0.17%
13.10	职业安全、工业卫生	0	0.00%	0	0.00%	1	1.11%	0	0.00%	1	0.17%
03.080.20	公司（企业）的服务	0	0.00%	0	0.00%	0	0.00%	1	0.66%	1	0.17%
03.100.10	订购、收购、仓库管理	0	0.00%	1	0.59%	0	0.00%	0	0.00%	1	0.17%
11.040.50	射线照相设备	0	0.00%	1	0.59%	0	0.00%	0	0.00%	1	0.17%
13.020.01	环境和环境保护综合	0	0.00%	0	0.00%	0	0.00%	1	0.66%	1	0.17%
13.020.20	环境经济	0	0.00%	0	0.00%	0	0.00%	1	0.66%	1	0.17%

续 表

ICS代码	名称	国家标准		行业标准		地方标准		团体标准		总计	
		标准数量	标准占比	标准数量	标准占比	标准数量	标准占比	标准数量	标准占比	标准数量	标准占比
29.120.99	其他电工器件	0	0.00%	0	0.00%	0	0.00%	1	0.66%	1	0.17%
43.02	道路车辆综合	0	0.00%	0	0.00%	1	1.11%	0	0.00%	1	0.17%
43.14	摩托车和机动自行车	0	0.00%	0	0.00%	1	1.11%	0	0.00%	1	0.17%
49.100	地面服务和维修设备	0	0.00%	1	0.59%	0	0.00%	0	0.00%	1	0.17%
55.04	包装材料和辅助物	0	0.00%	1	0.59%	0	0.00%	0	0.00%	1	0.17%
65.08	肥料	0	0.00%	1	0.59%	0	0.00%	0	0.00%	1	0.17%
67.06	谷物、豆类及其制品	0	0.00%	1	0.59%	0	0.00%	0	0.00%	1	0.17%
77.150.50	钛产品	0	0.00%	1	0.59%	0	0.00%	0	0.00%	1	0.17%
83.120	增强塑料	0	0.00%	1	0.59%	0	0.00%	0	0.00%	1	0.17%
83.140	橡胶和塑料制品	0	0.00%	0	0.00%	1	1.11%	0	0.00%	1	0.17%
85.060	纸和纸板	0	0.00%	1	0.59%	0	0.00%	0	0.00%	1	0.17%
59.080.01	纺织产品综合	0	0.00%	0	0.00%	1	1.11%	0	0.00%	1	0.17%
59.080.30	纺织物	0	0.00%	0	0.00%	1	1.11%	0	0.00%	1	0.17%
59.080.60	铺地织物	0	0.00%	1	0.59%	0	0.00%	0	0.00%	1	0.17%

续 表

ICS代码	名称	国家标准		行业标准		地方标准		团体标准		总计	
		标准数量	标准占比	标准数量	标准占比	标准数量	标准占比	标准数量	标准占比	标准数量	标准占比
71.040.50	物理化学分析方法	0	0.00%	0	0.00%	1	1.11%	0	0.00%	1	0.17%
79.060.10	胶合板	0	0.00%	1	0.59%	0	0.00%	0	0.00%	1	0.17%
83.080.01	塑料综合	0	0.00%	0	0.00%	1	1.11%	0	0.00%	1	0.17%
83.140.99	其他橡胶和塑料制品	0	0.00%	0	0.00%	1	1.11%	0	0.00%	1	0.17%
97.150	铺地非织物	0	0.00%	0	0.00%	0	0.00%	1	0.66%	1	0.17%
97.190	儿童用器具	0	0.00%	0	0.00%	0	0.00%	1	0.66%	1	0.17%
91.100.10	水泥、石膏、石灰、砂浆	0	0.00%	1	0.59%	0	0.00%	0	0.00%	1	0.17%
合计		191	100.00%	169	100.00%	90	100.00%	152	100.00%	602	100.00%

注：1.根据检索数据整理；2.标准文本上有2个代码，以第1个代码为主归类进行统计，3.书中所有百分比数值均保留两位小数。

截至2021年12月31日，602项体育用品标准在《中国标准文献分类法》中分布，（见表4）其中国家标准191项、行业标准169项、地方标准90项、团体标准152项，分别占体育用品标准总数的31.73%、28.07%、14.95%、25.25%。体育用品标准涉及专业领域面广，覆盖到20个一级目录，72个二级目录。在《中国标准文献分类法》中，“体育用品”类有2个三级目录（体育设施及器械Y55、体育用品Y56），有体育用品标准合计337项，占各类标准总和的55.98%，其中，国家标准132项，占全部国家标准69.11%，行业标准75项，占全部行业标准44.38%，地方标准40项，占全部地方标准44.44%，团体标准90项，占全部团体标准59.21%。第二大类“运动着装”类有8个三级目录（鞋靴Y78，针织品W63，服装、服饰品Y76，服装、鞋、帽综合Y75，针织坯布W62，纺织制品综合W55，帽、手套、袜子Y77，针织综合W60），包括运动服、运动鞋、运动帽、运动袜、运动手套、运动包等。有体育用品标准合计102项，占各类标准总和的16.94%，其中，国家标准21项，占全部国家标准10.98%，行业标准39项，占全部行业标准23.07%，地方标准10项，占全部地方标准11.10%，团体标准32项，占全部团体标准21.06%。

如按单一目录标准数量排序，“体育设施及器械”的体育用品标准数229项，占全部标准数的38.04%，列首位，其中有国家标准104项，占全部行业标准的54.45%；行业标准30项，占全部行业标准的17.75%；地方标准29项，占全部地方标准的32.22%；团体标准66项，占全部团体标准的43.42%。排列第二的是“体育用品”108项，占全部标准数的17.94%。“鞋、靴”58项，占全部标准数的9.63%。此外，“教育、学位、学衔”的体育用品标准21项，占全部标准总和的3.49%。（见表4）教育类体育用品标准主要是学校体育用品标准。在体育用品标准涉及的72个目录中，有26个单一目录只有1项体育用品标准，有17个单一目录只有标准2项，43个单一目录合计标准60个。这同样表明体育用品标准类型多，分布领域广，但同时也反映体育用品标准的分布相对分散，联系不紧密，协调性不强，标准的系统性、合理性和整体性较弱。

表4　现行体育用品标准在《中国标准文献分类法》中分布

CCS	名称	国家标准		行业标准		地方标准		团体标准		合计	
		标准数量	标准占比	标准数量	标准占比	标准数量	标准占比	标准数量	标准占比	标准数量	标准占比
Y55	体育设施及器械	104	54.45%	30	17.75%	29	32.22%	66	43.42%	229	38.04%

续 表

CCS	名称	国家标准		行业标准		地方标准		团体标准		合计	
		标准数量	标准占比	标准数量	标准占比	标准数量	标准占比	标准数量	标准占比	标准数量	标准占比
Y56	体育用品	28	14.66%	45	26.63%	11	12.22%	24	15.79%	108	17.94%
Y78	鞋、靴	12	6.28%	23	13.61%	3	3.33%	20	13.16%	58	9.63%
W63	针织品	5	2.62%	12	7.10%	1	1.11%	7	4.61%	25	4.15%
A18	教育、学位、学衔	0	0.00%	0	0.00%	20	22.22%	1	0.66%	21	3.49%
Y76	服装、服饰品	1	0.52%	2	1.18%	3	3.33%	3	1.97%	9	1.50%
X80	特种食品综合	1	0.52%	6	3.55%	0	0.00%	0	0.00%	7	1.16%
C45	体循环人工脏器假体	6	3.14%	1	0.59%	0	0.00%	0	0.00%	7	1.16%
Y57	玩具	3	1.57%	0	0.00%	0	0.00%	4	2.63%	7	1.16%
C30	医疗器械综合	2	1.05%	4	2.37%	0	0.00%	0	0.00%	6	1.00%
Y47	人造革、合成革	0	0.00%	5	2.96%	0	0.00%	0	0.00%	5	0.83%
Y11	钟表	2	1.05%	2	1.18%	0	0.00%	0	0.00%	4	0.66%
P31	建筑物理	1	0.52%	3	1.78%	0	0.00%	0	0.00%	4	0.66%
J28	自动化物流装置	1	0.52%	0	0.00%	0	0.00%	3	1.97%	4	0.66%
G47	其他橡胶制品	1	0.52%	3	1.78%	0	0.00%	0	0.00%	4	0.66%
Q27	黏结材料	0	0.00%	0	0.00%	0	0.00%	4	2.63%	4	0.66%
C42	理疗与中医仪器设备	0	0.00%	3	1.78%	1	1.11%	0	0.00%	4	0.66%

续 表

CCS	名称	国家标准		行业标准		地方标准		团体标准		合计	
		标准数量	标准占比	标准数量	标准占比	标准数量	标准占比	标准数量	标准占比	标准数量	标准占比
Y75	服装、鞋、帽综合	1	0.52%	0	0.00%	2	2.22%	0	0.00%	3	0.50%
X50	饮料综合	1	0.52%	1	0.59%	0	0.00%	1	0.66%	3	0.50%
Y14	自行车	2	1.05%	0	0.00%	1	1.11%	0	0.00%	3	0.50%
M72	音响、电声设备	2	1.05%	0	0.00%	1	1.11%	0	0.00%	3	0.50%
V47	航空气球	1	0.52%	2	1.18%	0	0.00%	0	0.00%	3	0.50%
G40	橡胶制品综合	1	0.52%	0	0.00%	1	1.11%	1	0.66%	3	0.50%
B70	人造板	1	0.52%	1	0.59%	1	1.11%	0	0.00%	3	0.50%
Z04	基础标准与通用方法	0	0.00%	1	0.59%	0	0.00%	2	1.32%	3	0.50%
Y81	家具制品	0	0.00%	1	0.59%	0	0.00%	2	1.32%	3	0.50%
Y51	教学专用仪器	0	0.00%	3	1.78%	0	0.00%	0	0.00%	3	0.50%
Y48	毛皮、皮革与人造革制品	0	0.00%	2	1.18%	0	0.00%	1	0.66%	3	0.50%
G32	合成树脂、塑料	0	0.00%	0	0.00%	1	1.11%	2	1.32%	3	0.50%
W62	针织坯布	1	0.52%	0	0.00%	0	0.00%	1	0.66%	2	0.33%
W55	纺织制品综合	1	0.52%	0	0.00%	0	0.00%	1	0.66%	2	0.33%
Y77	帽、手套、袜子	0	0.00%	2	1.18%	0	0.00%	0	0.00%	2	0.33%

续 表

CCS	名称	国家标准		行业标准		地方标准		团体标准		合计	
		标准数量	标准占比	标准数量	标准占比	标准数量	标准占比	标准数量	标准占比	标准数量	标准占比
Y50	文具、绘图仪器、簿册、卡片	2	1.05%	0	0.00%	0	0.00%	0	0.00%	2	0.33%
Y04	基础标准与通用方法	2	1.05%	0	0.00%	0	0.00%	0	0.00%	2	0.33%
U18	小型船总体	2	1.05%	0	0.00%	0	0.00%	0	0.00%	2	0.33%
A12	供应与使用关系	2	1.05%	0	0.00%	0	0.00%	0	0.00%	2	0.33%
A00	标准化管理与一般规定	1	0.52%	0	0.00%	1	1.11%	0	0.00%	2	0.33%
Y89	其他日用品	0	0.00%	0	0.00%	1	1.11%	1	0.66%	2	0.33%
Y00	标准化、质量管理	0	0.00%	0	0.00%	1	1.11%	1	0.66%	2	0.33%
W09	卫生、安全、劳动保护	0	0.00%	2	1.18%	0	0.00%	0	0.00%	2	0.33%
V58	飞行训练与设备	0	0.00%	1	0.59%	0	0.00%	1	0.66%	2	0.33%
Q22	建筑用塑料制品	0	0.00%	0	0.00%	1	1.11%	1	0.66%	2	0.33%
H44	型钢、异型钢	0	0.00%	0	0.00%	0	0.00%	2	1.32%	2	0.33%
G30	合成材料综合	0	0.00%	0	0.00%	2	2.22%	0	0.00%	2	0.33%
F10	能源综合	0	0.00%	0	0.00%	2	2.22%	0	0.00%	2	0.33%
A10	经济、文化	0	0.00%	1	0.59%	1	1.11%	0	0.00%	2	0.33%

续　表

CCS	名称	国家标准		行业标准		地方标准		团体标准		合计	
		标准数量	标准占比	标准数量	标准占比	标准数量	标准占比	标准数量	标准占比	标准数量	标准占比
W60	针织综合	0	0.00%	0	0.00%	1	1.11%	0	0.00%	1	0.17%
V44	生命保障系统与设备	1	0.52%	0	0.00%	0	0.00%	0	0.00%	1	0.17%
L70	信息处理技术综合	1	0.52%	0	0.00%	0	0.00%	0	0.00%	1	0.17%
K70	电气照明综合	1	0.52%	0	0.00%	0	0.00%	0	0.00%	1	0.17%
C73	劳动防护用品	1	0.52%	0	0.00%	0	0.00%	0	0.00%	1	0.17%
Y69	其他	0	0.00%	1	0.59%	0	0.00%	0	0.00%	1	0.17%
Y64	家用保健器具	0	0.00%	1	0.59%	0	0.00%	0	0.00%	1	0.17%
Y54	办公用品及办公机具	0	0.00%	1	0.59%	0	0.00%	0	0.00%	1	0.17%
Y45	皮革加工与制品综合	0	0.00%	1	0.59%	0	0.00%	0	0.00%	1	0.17%
Y41	香精、香料	0	0.00%	0	0.00%	0	0.00%	1	0.66%	1	0.17%
Y32	纸	0	0.00%	1	0.59%	0	0.00%	0	0.00%	1	0.17%
W06	综合利用	0	0.00%	1	0.59%	0	0.00%	0	0.00%	1	0.17%
U20	舾装设备	0	0.00%	1	0.59%	0	0.00%	0	0.00%	1	0.17%
U15	渔船总体	0	0.00%	0	0.00%	1	1.11%	0	0.00%	1	0.17%
T01	技术管理	0	0.00%	0	0.00%	1	1.11%	0	0.00%	1	0.17%
R55	潜水装备	0	0.00%	0	0.00%	1	1.11%	0	0.00%	1	0.17%

续 表

CCS	名称	国家标准		行业标准		地方标准		团体标准		合计	
		标准数量	标准占比	标准数量	标准占比	标准数量	标准占比	标准数量	标准占比	标准数量	标准占比
Q23	纤维增强复合材料	0	0.00%	1	0.59%	0	0.00%	0	0.00%	1	0.17%
Q21	石材制品	0	0.00%	0	0.00%	1	1.11%	0	0.00%	1	0.17%
Q13	混凝土、集料、灰浆、砂浆	0	0.00%	1	0.59%	0	0.00%	0	0.00%	1	0.17%
L63	计算机外围设备	0	0.00%	1	0.59%	0	0.00%	0	0.00%	1	0.17%
K32	控制电器	0	0.00%	0	0.00%	0	0.00%	1	0.66%	1	0.17%
H64	稀有轻金属及其合金	0	0.00%	1	0.59%	0	0.00%	0	0.00%	1	0.17%
H40	钢铁产品	0	0.00%	0	0.00%	0	0.00%	1	0.66%	1	0.17%
G21	化肥、化学土壤调理剂	0	0.00%	1	0.59%	0	0.00%	0	0.00%	1	0.17%
F01	技术管理	0	0.00%	0	0.00%	1	1.11%	0	0.00%	1	0.17%
C39	医用电子仪器设备	0	0.00%	1	0.59%	0	0.00%	0	0.00%	1	0.17%
合计		191	100.00%	169	100.00%	90	100.00%	152	100.00%	602	100.00%

注：1. 根据检索数据整理；2. 标准文本上如有 2 个代码，以第 1 个代码为主归类进行统计；3. 书中所有百分比数值均保留两位小数。

5.2 体育用品和体育用品产业与体育用品标准

体育用品是一种专门用于体育活动的特殊物品，是体育用品生产部门按照体育运动消费领域的专门要求设计生产，并在体育运动消费领域使用的专门用品。体育用品生产部门需要根据产品在体育运动环境的实际使用场景和效用情况下，设计制定体育产品的规格结构、理化性能、人类工效，以及安全稳定性、环境适应性等方面的技术要求。随着体育运动的社会化、生活化、市场化、产业化，体育人群不断扩大，活动范围拓展，人们对体育用品的需求量也越来越大，体育用品的品种规格越来越多。体育用品的产业领域在不断扩展，横跨轻工、纺织、化工、兵器、电子等行业领域，体育用品产业不断壮大，形成了专门从事体育用品生产行业——体育用品产业。它是为体育活动提供特殊消费品、具有同类属性的企业经济活动，有着同一产品市场、相似的技术工艺和原材料的企业的集合。在我国现有的规范性文件中，对体育用品和体育用品产业及其分类都有着明确规定。

5.2.1 《体育用品的分类》与体育用品标准

《体育用品的分类》（GB/T 23868—2019）是由全国体育用品标准化技术委员会（SAC/TC 291）提出并归口的一项基础通用的国家标准。《体育用品的分类》将体育用品定义为“进行体育教育、竞技运动和体育运动锻炼过程中使用的产品”。规定了体育用品的分类，适用于体育活动设计制造的产品，不包括体育场馆、体育场地。《体育用品的分类》将体育用品划分为运动服装、运动鞋、运动器材、运动防护用品、体育辅助用品、运动食品及饮料、体育出版物7大类，并在附件中详细列出了我国正式开展的78个大项143个小项运动项目所需要的体育用品。（见表5）

表5 《体育用品的分类》中现行体育用品标准分布

分类	类别名称	说明	国家标准		行业标准		地方标准		合计	
			标准数量	标准占比	标准数量	标准占比	标准数量	标准占比	标准数量	标准占比
1	运动服装	为体育活动设计、制造的服装。包含符合专项体育比赛要求的比赛运动服;具有运动服装风格,适合领奖等符合礼仪要求的领奖运动服;具有运动服装特点,适合大众健身休闲活动的休闲运动服	7	4.93%	9	7.32%	4	7.84%	20	6.33%
2	运动鞋	为体育活动设计、制造的鞋。包含符合专项体育运动要求的专项运动鞋;具有运动鞋的特点,适合大众健身休闲活动的休闲运动鞋	12	8.45%	26	21.14%	4	7.84%	42	13.29%
3	运动器材	为体育运动设计、建造的器材。包含体育运动项目使用的竞赛器材;增强身体机能、提高身体素质使用的健身器材;用于运动损伤后进行康复训练的康复器材;体质健康测试的体质监测器材;竞赛器材,健身器材之外的其他运动器材	104	73.24%	63	51.22%	39	76.47%	206	65.19%

续 表

分类	类别名称	说明	国家标准		行业标准		地方标准		合计	
			标准数量	标准占比	标准数量	标准占比	标准数量	标准占比	标准数量	标准占比
4	运动防护用品	为体育活动设计、制造的防护用品。防滑垫、围挡等。包含为体育活动设计制造的个人防护用品；个人防护用品之外的其他防护用品	16	11.27%	18	14.63%	4	7.84%	38	12.03%
5	体育辅助用品	与体育活动有关的辅助用品。包括：运动箱、包、袋；运动成绩记录纪念用品、奖品；赛事活动纪念用品；运动饰品	0	0.00%	1	0.81%	0	0.00%	1	0.32%
6	运动食品及饮料	为体育活动设计制造的食品、饮料	3	2.11%	6	4.88%	0	0.00%	9	2.85%
7	体育出版物	与体育活动密切相关的书籍、杂志、音像制品、网络媒体等出版物	0	0.00%	0	0.00%	0	0.00%	0	0.00%
合计			142	100.00%	123	100.00%	51	100.00%	316	100.00%

注：1. 根据全国标准信息公共服务平台（http://std.samr.gov.cn/）数据整理；2. 书中所有百分比数值均保留两位小数。

经全国标准信息公共服务平台（http：//std.samr.gov.cn/）、国家标准馆资源检索系统（http：//www.nssi.org.cn/）、中国标准服务网（http：//www.cssn.net.cn/cssn/）检索汇总整理，截至2021年12月31日，依据《体育用品的分类》国家标准，检索“体育用品”的标准316项，其中，国家标准

142项、行业标准123项、地方标准51项。（见表5）在《体育用品的分类》列出的7大类体育用品标准中，“运动器材”的标准206项，居首位，占全部标准数量的65.19%。其中国家标准104项，占全部国家标准的73.24%；行业标准63项，占全部行业标准的51.22%；地方标准39项，占全部地方标准的76.47%。“运动器材”既包括各运动项目教学、训练、比赛使用的竞技器材，也包括大众健身、休闲、娱乐活动使用的健身器材、运动损伤后进行康复训练使用的康复器材、体质健康测试的体质监测器材。这些器材数量大、品种多、规格高，所以相应的标准也多。其次是运动鞋的标准42项，占全部标准的13.29%，运动防护用品的标准38项，占全部标准的12.03%，运动服装的标准20项，占全部标准的6.33%，运动食品及饮料的标准9项，占全部标准的2.85%，体育辅助用品的标准1项，占0.32%，体育出版物的标准为0项。体育出版物能否属于体育用品，目前还存在不同的观点。客观地说，体育出版物属于体育用品，是有点牵强附会了。

5.2.2 《体育产业统计分类（2019）》与体育用品标准

为科学制定体育产业政策和发展规划，准确掌握体育产业发展现状，推动我国体育产业健康发展，国家建立了体育产业统计制度，科学合理地界定了我国体育产业的统计范围。以《国民经济行业分类》为基础，国家体育总局与国家统计局组织制定《体育产业统计分类（2019）》（国家统计局令第26号），明确、规范界定了我国体育产业的边界范围和统计口径，将体育产业划分：体育管理活动，体育竞赛表演活动，体育健身休闲活动，体育场地和设施管理，体育教育与培训，体育经纪与代理、广告与会展、表演与设计服务，体育传媒与信息服务，其他体育服务，体育用品及相关产品制造，体育用品及相关产品销售、出租与贸易代理，体育场地设施建设等11个大类。其中，将围绕着体育用品“同类属性的企业经济活动的集合”单列为“体育用品及相关产品制造（09）”1大类，在“体育用品及相关产品制造”之下，设有体育用及器材制造（091），运动车船及航空运动器材制造（092），体育用相关材料制造（093），体育相关用品和设备制造（094）4个中类、21个小类。（见表6）

经全国标准信息公共服务平台（http：//std.samr.gov.cn/）检索，截至2021年12月31日，依据《体育产业统计分类（2019）》，检索有“体育用品”标准431项，其中，国家标准184项、行业标准160项、地方标准87项。（见表6）在《体育产业统计分类（2019）》所列出的21个小类的体育用品标准中，列前5位的依次是“体育游艺娱乐用品设备制造（0946）”标准62项，占全部体育用品标准的14.39%，居首位，其中国家标准12项，占体育用品标准国家标准的6.52%，行业标准20项，占体育用品标准行业标准的12.50%，地方标准30项，占体育用品标准地方标准的34.48%。居第2位的是“运动地面用材料制造（0931）”标准52项，占全部标准的12.06%，“其他体育专项运动器材及配件制造（0913）”标准51项，居第3位，占全部标准的11.83%，“运动防护用具制造（0915）”标准38项，居第4位，“运动鞋帽制造（0942）”标准33项，居第5位。而“体育用新材料制造（0932）”“航空运动器材制造（0923）”各只有标准1项，“其他体育用品制造（0917）”则没有标准。

表6 《体育产业统计分类(2019)》中现行体育用品标准分布

中类	小类	类别名称	说明	国家标准		行业标准		地方标准		合计	
				标准数量	标准占比	标准数量	标准占比	标准数量	标准占比	标准数量	标准占比
091体育用品及器材制造	0911	球类制造		18	9.78%	7	4.38%	0	0.00%	25	5.80%
	0912	冰雪器材装备及配件制造	指雪上、冰上运动项目器材装备及配件制造。主要包括滑雪类运动项目(含滑雪、北欧两项等)、滑冰类运动项目(含滑冰、花样滑冰、冰壶、冰球、雪橇运动等)器材装备及配件制造,其他雪上、冰上运动器材装备及配件制造	20	10.87%	2	1.25%	1	1.15%	23	5.34%
	0913	其他体育专项运动器材及配件制造	指除冰雪器材装备外的各项竞技比赛和训练用器材及用品、相关体育场地器材的生产活动	32	17.39%	19	11.88%	0	0.00%	51	11.83%

续 表

中类	小类	类别名称	说明	国家标准		行业标准		地方标准		合计	
				标准数量	标准占比	标准数量	标准占比	标准数量	标准占比	标准数量	标准占比
091体育用品及器材制造	0914	健身器材制造		16	8.70%	5	3.13%	8	9.20%	29	6.73%
	0915	运动防护用具制造		16	8.70%	18	11.25%	4	4.60%	38	8.82%
	0916	特殊体育器械及配件制造	指武术、散打器械和用品制造，运动枪械及其用弹制造	11	5.98%	9	5.63%	0	0.00%	20	4.64%
	0917	其他体育用品制造		0	0.00%	0	0.00%	0	0.00%	0	0.00%
092运动车船、航空运动器材制造	0921	运动汽车、摩托车制造	指生产、改装运动型多用途汽车，以及越野、山地、场地等运动摩托车制造	1	0.54%	1	0.63%	4	4.60%	6	1.39%
	0922	运动船艇制造	指赛艇、皮划艇、帆船、帆板、汽艇、摩托快艇、小艇、轻舟等运动器材及辅助用品制造	2	1.09%	2	1.25%	1	1.15%	5	1.16%

续 表

中类	小类	类别名称	说明	国家标准		行业标准		地方标准		合计	
				标准数量	标准占比	标准数量	标准占比	标准数量	标准占比	标准数量	标准占比
092运动车船、航空运动器材制造	0923	航空运动器材制造	指体育航空器运动器材及零配件制造	1	0.54%	0	0.00%	0	0.00%	1	0.23%
093体育用相关材料制造	0931	运动地面用材料制造	指体育场馆的运动场地用木地板、塑胶和地胶的制造，运动场、高尔夫场等场地用的人造草坪制造	16	8.70%	13	8.13%	23	26.44%	52	12.06%
	0932	体育用新材料制造	指用于体育用品、设备、器材等的金属合金材料、高强玻璃钢、高强合成纤维、高强碳纤维、高分子复合纤维等材料的制造	1	0.54%	0	0.00%	0	0.00%	1	0.23%
094体育相关用品和设备制造	0941	运动服装制造		9	4.89%	16	10.00%	5	5.75%	30	6.96%

续 表

中类	小类	类别名称	说明	国家标准		行业标准		地方标准		合计	
				标准数量	标准占比	标准数量	标准占比	标准数量	标准占比	标准数量	标准占比
094体育相关用品和设备制造	0942	运动鞋帽制造	指纺织面运动鞋、运动皮鞋、运动用布面胶鞋、运动用塑料鞋靴及其他运动鞋制造，相关运动服饰制造，不包括运动帽、游泳帽的制造	6	3.26%	24	15.00%	3	3.45%	33	7.66%
	0943	体育场馆用设备制造	指体育计时记分系统设备制造，体育场馆塑料座椅制造，体育场馆灯光、音响、电子屏幕等设备制造	7	3.80%	6	3.75%	1	1.15%	14	3.25%

续 表

中类	小类	类别名称	说明	国家标准		行业标准		地方标准		合计	
				标准数量	标准占比	标准数量	标准占比	标准数量	标准占比	标准数量	标准占比
094体育相关用品和设备制造	0944	体育智能与可穿戴装备制造	指体育场馆、健身房等场所和训练、竞赛、健身等活动用的智能设备和用品制造，可穿戴运动装备制造，运动智能无人机制造	3	1.63%	0	0.00%	1	1.15%	4	0.93%
	0945	运动饮料与运动营养品生产	指运动功能性饮料、运动营养食品生产	3	1.63%	6	3.75%	0	0.00%	9	2.09%

续 表

中类	小类	类别名称	说明	国家标准		行业标准		地方标准		合计	
				标准数量	标准占比	标准数量	标准占比	标准数量	标准占比	标准数量	标准占比
094体育相关用品和设备制造	0946	体育游艺娱乐用品设备制造	指供室内、桌上等游艺及娱乐场所使用的运动游乐设备、体育游艺器材和娱乐用品，主要安装在室内游乐场所的电子游乐设备，以及体育比赛用飞镖等弹射用具和汽车、火车、航空等仿真运动模型等产品的制造	12	6.52%	20	12.50%	30	34.48%	62	14.39%
	0947	运动休闲车制造	指野营宿营车挂车、房车及其配件制造，运动休闲两轮车及配件制造，非公路休闲车及配件制造	0	0.00%	3	1.88%	2	2.30%	5	1.16%

续 表

中类	小类	类别名称	说明	国家标准		行业标准		地方标准		合计	
				标准数量	标准占比	标准数量	标准占比	标准数量	标准占比	标准数量	标准占比
094体育相关用品和设备制造	0948	运动康复训练和恢复按摩器材制造	指运动康复训练器材、恢复按摩器材制造	7	3.80%	9	5.63%	0	0.00%	16	3.71%
	0949	户外运动器材及其他体育相关用品制造	指户外帐篷、运动眼镜等户外运动器材制造，体育项目用网（兜）制造，体育奖杯和纪念证章以及其他体育相关用品制造	3	1.63%	0	0.00%	4	4.60%	7	1.62%
合计				184	100.00%	160	100.00%	87	100.00%	431	100.00%

注：1.根据全国标准信息公共服务平台（http://std.samr.gov.cn/）数据整理；2.书中所有百分比数值均保留两位小数。

随着我国经济的迅速发展，人们休闲娱乐的消费需求不断增多，对市场体育游艺娱乐用品的要求越来越高，越来越规范，公安部、原文化部还联合发文《关于进一步加强游戏游艺场所监管促进行业健康发展的通知》，促进了“体育游艺娱乐用品设备制造”产品的标准化建设，加快了其标准的制定。国家制定和修改了关于塑胶场地中苯、游离甲苯二异氰酸酯、铅、汞等有害和有毒物质含量的技术要求。各地制定了更加严格的地方塑胶场地的标准，如：内蒙古制定的DB15/T 1209—2017《合成材料运动场地面层质量要求》，山东省制定的DB37/T 2904—2019《运动场地合成材料面层原材料使用规范》，湖南省制定的DB43/T 1252—2020《合成材料运动场地面层通用技术要求》，甘肃省制定的DB62/T 2988—2019《运动场地合成材料面层原材料使用规范》等。所以，“运动地面用材料制造”的标准相对较多。“其他体育专项运动器材及配件制造”标准即除冰雪器材装备外的各项竞技比赛和训练用器材及用品、相关体育场地器材设施的生产活动的51项标准。各项竞技比赛和训练器材及用品、有关体育场地器材所涉及的运动项目多，器材使用范围广，产品质量要求高，一般有明确的共同和反复使用的标准来规范统一，以实现最佳秩序的效益，所以制定的相应的体育用品标准较多。“其他体育用品制造”为0，因为在其说明中没有做出相应的界定和解释，没有明确的标准对象和标准化领域，所以没有检索到制定的相应体育用品标准。

5.2.3 《国民经济行业分类》《统计用产品分类目录》与体育用品标准

体育用品产业是指生产用于体育活动特殊消费品的所有单位集合，是由生产相同或相似用途的体育用品企业经济活动组成的一个混合型产业系统。在《国民经济行业分类》中体育用品的产品生产不仅指体育用品制造（244），也涉及其他产业部门生产的产品。产业与产品是两个不同的概念，产业部门和产品部门也是两个不同的概念。产业是相关同类属性企业产品生产活动的集合体。产品即物品或服务，是指能够供给市场，被人们使用和消费，并能满足人们某种需求的物品或服务。产品是产业生产活动的产物，产业是产品生产活动的结合体。产业部门是生产相同或相似的产业活动单位的集合，是指国民经济内部按照一定分工，专门从事同类经济活动的企事业单位的总称。它强调的是经济活动的性质、成本结构和生产工艺技术的同质性。产品部门指由原材料、工艺技术和经济用途相同的同类产品所组成的生产部门。产业部门与产品部门之间并不存在一一对应的关系。一个产业部门可能有许多不同产品部门生产的产品，而同一产品部门的产品可能是由不同的产业部门生产的。产业部门分类是按工商部门登记类别的同质性原则，对基本统计单位进行的部门分类，主要依据的是《国民经济行业分类》，按照主产品同质性原则，把从事相同或类似活动的产业活动单位归为一个产业。产品部门分类是按照同质性原则，即按消耗结构相同、生产工艺技术相同和经济用途相同的原则进行分类。产品部门主要依据《统计用产品分类目录》进行分类。

我国产业部门分类的对象是法人单位或产业活动单位，而不是依据产品分类，也不是依据编制、会计制度或部门管理等标准来划分。产品部门分类的对象是产品，是按经济用途、原材料和工艺技术的同质性，对产品所作的部门分类。一个生产多种产品单位的行业归属，按照其主要经济活动来确定，即按照占其单位增加值份额最大的一种经济活动进行归类；或依据营业收入、销售收入或从业人员确定。根据企业生产的主要产品进行分类，将整个企业归入某一产业。这样形成的产业部门是企业部门，而不是产品部门。产品部门是具有某种相同属性的产品的集合体。集合体可以由单一产品组成，如羽毛球；也可以由若干种相同属性的产品组成，如篮球、排球、足球、手球等球类产品。具有某种相同产品属性是指产品的消耗结构相同，产品生产的技术和工艺相同，产品的功能和用途相同。体育用品产品部门是以相同原材料和工艺技术生产的专门用于体育活动属于同一市场和活动领域的产品的生产部门。体育用品产业部门是指为社会提供体育用品的同一类经济活动的企业集合。

《国民经济行业分类》（GB/T 4754—2017）是以经济活动同质性的原则对国民经济行业进行的分类，即每一个行业所属的类别依照同一种经济活动的性质来划分。《国民经济行业分类》适用于在计划、统计、财政、税收、工商等国家的宏观管理下对经济活动的分类，并用于信息处理和信息交换。在《国民经济行业分类》中，设体育用品制造（244）为中类，列在制造业（C）门类之下的文教、工美、体育和娱乐用品制造业（24）大类之中，下设球类制造（2441）、专项运动器材及配件制造（2442）、健身器材制造（2443）、运动防护用具制造（2444）、其他体育用品制造（2449）5个小类。《国民经济行业分类》所列出的“体育用品制造业”远不能涵盖“体育用品”及其产品部门。因此，以《国民经济行业分类》的经济行业分类方法为基础，并兼顾体育用品产业的跨行业、跨领域的特性，对体育用品及其产品部门进行考察和梳理，体育用品的生产不仅涉及体育用品制造（244）的产品部门，也涉及其他产业部门的产品部门，如：运动服、运动鞋等生产的活动都有相同属性，具有相同生产技术和生产工艺，具有相似的生产工具、生产流程和管理技术等；具有相同或类似的原材料，投入物的性能相似或活动对象相似，生产出的产品都具有相同或相似的用途和市场，都用于体育活动之中。

随着体育运动的普及推广，体育用品需求量不断增加，产品种类不断增多。体育用品的生产领域在不断延伸和扩展，在新材料、新技术、新工艺的广泛应用下，新产品不断涌现，体育用品的产品部门的产业领域在不断扩展，如：电子竞技用品、可穿戴运动智能装备等。因此，需要充分考虑体育用品行业的经济活动的特点和发展趋势，以及体育用品产品部门相同产品的属性，有必要对《国民经济行业分类》中符合体育用品属性的有关体育用品企业的经济活动再分类，厘清体育用品生产涉及哪些产业部门、行业领域，体育用品涉及哪些产品部门，对体育用品标准化对象和标准化领域及其分类进行明确的范围界定和清晰的边界划分。

从体育用品标准化对象和标准化领域来看，宏观层面上，体育用品标准化对象是指具有共同属性的各种具体体育用品的总和所构成的整体，是整个体育用品领域存在的“现实问题或潜在问题”；中观层面上，是指体育用品的“产品、过程或服务”，包括生产制造领域的体育用品，市场流通领域的体育用品和体育活动领域的体育用品；微观层面上，其对象体现在某个具体体育用品“产品、过程或服务”的概念、功能、要求、材料、元件、设备、协议、程序、方法或活动上等，也可细化到限定在任何具体产品对象的属性、特征、性能、指标等特定方面。例如，可对运动服的尺码、耐用性分别标准化。体育用品标准化领域是指一组相关的标准化对象，如体育器材、运动鞋、运动服等均可视为标准化领域。

《统计用产品分类目录》是对全社会经济活动的产品进行的统一编码和标准分类，它适用于以产品为对象的所有统计调查活动，是以《国民经济行业分类》为基础，其产品大类及代码与行业分类的大类原则上保持基本一致，《统计用产品分类目录》中所列出的代码与《国民经济行业分类》和联合国的《产品总分类》（CPC1.0版）的代码具有一定的对应关系。因此，可以就体育用品产品部门对应相关产业部门进行梳理，依据《国民经济行业分类》中的大类、中类、小类分别对应《统计用产品分类目录》中的6位、8位和10位数字代码。将《2017年国民经济行业分类注释》中的小类及分类注释列出的行业代码和产品的制造与《统计用产品分类目录》中列出的代码和产品作一一对应列表，并对现行相应的国家标准、行业标准、地方标准作出统计。（见表7、表8）

表7　体育用品产业和产品的标准分布

《2017年国民经济行业分类注释》		《统计用产品分类目录》	国家标准		行业标准		地方标准		合计	
大、中类	小类及分类注释	产品代码	标准数量	标准占比	标准数量	标准占比	标准数量	标准占比	标准数量	标准占比
24文教、工美、体育和娱乐用品制造业	2441球类制造：指各种皮制、胶制、革制的可充气的运动用球，以及其他材料制成的各种运动用硬球、软球等球类产品的生产活动。包括：足球、篮球、排球、手球、橄榄球、棒球、垒球、曲棍球、乒乓球等及其辅助用品的制造	240601运动用球 24060101皮或革制可充气运动用球 24060102胶制可充气运动用球 24060103不可充气运动用球	18	15.65%	7	9.72%	0	0.00%	25	10.87%

续　表

《2017年国民经济行业分类注释》		《统计用产品分类目录》	国家标准		行业标准		地方标准		合计	
大、中类	小类及分类注释	产品代码	标准数量	标准占比	标准数量	标准占比	标准数量	标准占比	标准数量	标准占比
244体育用品制造	2442专项运动器材及配件制造：指各项竞技比赛和训练用器材及用品，体育场馆设施及器件的生产活动。包括：田径类（含马拉松）、游泳类（游泳、花样游泳、跳水、水球等）、体操类（体操、艺术体操、蹦床、少儿体操、健身操、广场舞、健美操、排舞、啦啦操等）、足球类、篮球类、排球类、棒球、垒球、手球、橄榄球、曲棍球、乒乓球、羽毛球、网球、软式网球、壁球、射箭、击剑、马术、自行车、现代五项、铁人三项等以及其他项目运动（掷球、门球、毽球、藤球等）专项器材及配件	240602 运动用球类器材及器械 24060201 球拍、球棒 24060202 高尔夫球器械及配件 240603 体育器材及配件 24060301 体操及蹦床器械 24060302 田径器械 24060303 举重、拳击及摔跤器械 24060304 冰雪运动用器械和用品 24060306 水上运动器械和用品 24060307 射击器械及器材 24060308 射箭器材 24060309 击剑器材及零件 24060311 登山器材	51	44.35%	22	30.56%	1	2.33%	74	32.17%

续 表

《2017年国民经济行业分类注释》		《统计用产品分类目录》	国家标准		行业标准		地方标准		合计	
大、中类	小类及分类注释	产品代码	标准数量	标准占比	标准数量	标准占比	标准数量	标准占比	标准数量	标准占比
244体育用品制造	2443健身器材制造：指供健身房、家庭或体育训练用的健身器材及运动物品的制造。包括：全身性综合性室内健身器械：如10功能、16功能健身器等；局部性室内健身器械：如健身自行车、划船器、楼梯机、跑步机等；小型室内健身器械：如哑铃、壶铃、曲柄杠铃、弹簧拉力器等；室外健身器材·健身路径器材等	240604 室内训练健身器材 24060401 力量型训练器材 2406040200 力量型举重训练床 2406041000 带固定轮或无飞轮健身车 2406041100 一般体疗康复健身器材 2406049900 其他室内训练健身器材 2406050000 室外健身器材	16	13.91%	5	6.94%	8	18.60%	29	12.61%

续　表

《2017年国民经济行业分类注释》		《统计用产品分类目录》	国家标准		行业标准		地方标准		合计	
大、中类	小类及分类注释	产品代码	标准数量	标准占比	标准数量	标准占比	标准数量	标准占比	标准数量	标准占比
244体育用品制造	2444运动防护用具制造：运动防护用具制造指用各种材质，为各项运动特制手套、鞋、帽和护具的生产活动。包括：运动专用手套（部分）：棒球、垒球、拳击等专用手套；运动专用帽：棒球、垒球、冰球等专用帽；运动专用鞋靴：溜冰鞋、钉鞋、跑鞋等；运动专用护具：击剑护罩、垒球等专用护具；其他运动防护用具	240606运动防护用具 24060601运动专用手套 24060602运动专用帽 24060603运动专用鞋靴 24060604运动专用护具 2406069900其他运动防护用具	16	13.91%	18	25.00%	4	9.30%	38	16.52%

续　表

《2017年国民经济行业分类注释》		《统计用产品分类目录》	国家标准		行业标准		地方标准		合计	
大、中类	小类及分类注释	产品代码	标准数量	标准占比	标准数量	标准占比	标准数量	标准占比	标准数量	标准占比
244体育用品制造	2449其他体育用品制造：指钓鱼专用的各种用具及用品，以及上述未列明的体育用品制造。包括：钓鱼运动器材及辅助用品；滑水、漂流、冲浪、潜水运动器材及辅助用品；车辆模型、航空模型、航海模型运动器材及辅助用品；围棋、象棋、桥牌运动器材及辅助用品；其他运动器材及辅助用品等	240607 钓鱼用品和器材 2406079900 其他钓鱼用品和器材 240608 休闲运动器材和用品 24060801 狩猎休闲用品 24060802 马术休闲用品 2406990000 其他体育用品 24060313 拔河器材及配件 24060314 风筝器材及配件	14	12.17%	20	27.78%	30	69.77%	64	27.83%
合计			115	100.00%	72	100.00%	43	100.00%	230	100.00%

注：1. 根据全国标准信息公共服务平台（http://std.samr.gov.cn/）数据整理；2. 书中所有百分比数值均保留两位小数。

经全国标准信息公共服务平台（http://std.samr.gov.cn/）、国家标准馆资源检索系统（http://www.nssi.org.cn/）、中国标准服务网（http://www.cssn.net.cn/cssn/）检索整理，截至2021年12月31日，依据《2017年国民经

济行业分类注释》(见表7),检索到“体育用品制造(244)”标准230项,其中,国家标准115项,占全部标准的50.00%,行业标准72项,占31.30%,地方标准43项,占18.70%。在《国民经济行业分类》列出的“球类制造(2441)”“专项运动器材及配件制造(2442)”“健身器材制造(2443)”“运动防护用具制造(2444)”“其他体育用品制造(2449)”5个小类中,对应的《统计用产品分类目录》的6位、8位数产品代码38个,其中6位数代码7个,8位数代码21个。“专项运动器材及配件制造(2442)”的标准74项,占全部体育用品标准的32.17%,居首位。其中国家标准51项,占“体育用品制造(244)”全部国家标准的44.35%,行业标准22项,占全部行业标准的30.56%,地方标准1项,占地方标准的2.33%。居第2位的是“其他体育用品制造(2449)”标准64项,占全部标准的27.83%,“运动防护用具制造(2444)”标准38项,占全部标准的16.52%,居第3位。“健身器材制造(2443)”29项,占全部标准的12.61%,位列第4位。“球类制造(2441)”的标准25项,占10.87%,居末位,其中,国家标准18项、行业标准7项、地方标准0项。“专项运动器材及配件制造”是指各项竞技比赛和训练用器材及用品,体育场馆设施及器件的生产活动,包括各类运动项目器材及其辅助用品的制造活动。这类产品品种数量多,类型规格复杂,涉及行业领域广,用于各类运动项目训练和竞赛。产品既要性能稳定,美观耐用,可靠性、安全性、适用性要求高,又要符合运动项目比赛规则和专项训练技术的特定要求,所以制定的标准相应较多。球类制造业生产的球类用品是体育用品的一类,主要用于球类运动项目,属于低值易耗品,数量大,但品种相对专项运动器材及配件制造涉及的运动项目相对较少,产品的品种和类型也较少,所以涉及的体育用品标准也较少。

依据《2017年国民经济行业分类注释》(按1号修改单修订),在体育用品相关产业[是指在体育用品制造(244)以外的行业中,有体育用品生产的产品部门]中,体育用品的产品部门涉及如:食品制造业(14)、酒、饮料和精制茶制造业(15)、纺织业(17)、纺织服装、服饰业(18)、皮革、毛皮、羽毛及其制品和制鞋业（19）、木材加工和木、竹、藤、棕、草制品业（20）、家具制造业（21）、橡胶和塑料制品业（29）、金属制品业（33）、专用设备制造业（35）、汽车制造业（36）、铁路、船舶、航空航天和其他运输设备制造业（37）、电气机械和器材制造业（38）、仪器仪表制造业（40）等14个大类；涉及饮料制造（152）、机织服装制造（181）、制鞋业（195）、橡胶制品业（291）、金属工具制造（332）、摩托车制造（375）、智能消费设备制造（396）、钟表与计时仪器制造（403）等32个种类；涉及运动机织服装制造（1811）、运动休闲针织服装制造（1821）、运动场地用塑胶制造（2916）、娱乐船和运动船制造（3733）、非公路休闲车及零配件制造（3780）、康复辅具制造（3586）、可穿戴智能设备制造（3961）等44小类。在《2017年国民经济行业分类注释》中，44小类都有被明确界定的和注释相应的产品部门生产体育用品。

检索到“体育用品”相关产品部门的体育用品标准220项，（见表8）其中，国家标准76项，占全部国家标准的34.55%，行业标准97项，占全部行业标准44.09%，地方标准47项，占全部地方标准21.36%。在“体育用品”相关产品部门44小类中，有“运动场地用塑胶制造（2916）”的标准37项，占全部标准的16.82%，居首位，其中，国家标准10项，占全部国家标准的13.16%，行业标准11项，占全部行业标准的11.34%，地方标准16项，占全部地方标准的34.04%。其次是“运动休闲针织服装制造（1821）”和“其他未列明金属制品制造（3399）”各20项，各占全部标准的9.09%。再次是“橡胶鞋制造（1954）”和“康复辅具制造（3586）”各16项，各占全部标准的7.27%。但“智能无人飞行器制造（3963）”“可穿戴智能设备制造（3961）”“专业音响设备制造（3934）”“自行车制造（3761）”“汽柴油车整车制造（3611）”“机械治疗及病房护理设备制造（3585）”“机械化农业及园艺机具制造（3572）”“其他金属工具制造（3329）”“刀剪及类似日用金属工具制造（3324）”等9小类没有相应的体育用品标准。体育用品标准的制定与对其产品的统一规范要求、体育运动项目对其用品的专项规则规定有着紧密联系。在体育用品相关产业中，体育用品在其各行业中不是主要产品，其体育用品产品部门的产量和品种所占的比例较小，行业对其关注度有限，所以制定的相应标准也较少。

表 8　体育用品相关产业和产品的标准分布

《2017年国民经济行业分类注释》		《统计用产品分类目录》	国家标准		行业标准		地方标准		合计	
大、中类	小类及分类注释	产品代码	标准数量	标准占比	标准数量	标准占比	标准数量	标准占比	标准数量	标准占比
14 食品制造业 149 其他食品制造	1491* 营养食品制造：运动营养品制造		2	2.63%	6	6.19%	0	0.00%	8	3.64%
15 酒、饮料和精制茶制造业 152 饮料制造	1529* 茶饮料及其他饮料制造：运动功能性饮料制造	1520090100 运动饮料	1	1.32%	0	0.00%	0	0.00%	1	0.45%
17 纺织产品 178 产业用纺织制成品制造	1782* 绳、索、缆制造：指用天然纤维和化学纤维制造绳、索具、缆绳、合股线的生产活动。包括体育项目用网(兜)	17090203 体育项目用网(兜)	1	1.32%	0	0.00%	1	2.13%	2	0.91%
	1784* 篷、帆布制造：运动用帆布、蓬；野营帐篷	170804 帐篷 170808 野营用织物制品	2	2.63%	0	0.00%	3	6.38%	5	2.27%

续 表

《2017年国民经济行业分类注释》		《统计用产品分类目录》	国家标准		行业标准		地方标准		合计	
大、中类	小类及分类注释	产品代码	标准数量	标准占比	标准数量	标准占比	标准数量	标准占比	标准数量	标准占比
18纺织服装、服饰业 181机织服装制造 182针织或钩针编织服装制造	1811运动机织服装制造：指运动服、滑雪服、登山服、游泳衣等服装制造。包括：田径服、球类运动服装制造；水上运动服制造；举重服、摔跤服制造；体操服、体育舞蹈服制造；击剑服、赛车服制造等	181215 运动服类服装 18121501 运动服 18121502 滑雪服 18121503 游泳服	3	3.95%	5	5.15%	3	6.38%	11	5.00%
	1821运动休闲针织服装制造：指针织T恤、针织休闲衫、针织运动类服装制造。包括运动休闲针织服装制造活动：针织运动服、针织滑雪服、针织游泳服	181114 针织运动类服装 18111401 针织运动服 18111402 针织滑雪服 18111403 针织游泳服 181105 针织T恤衫 181106 针织休闲衫	7	9.21%	11	11.34%	2	4.26%	20	9.09%

续 表

《2017年国民经济行业分类注释》		《统计用产品分类目录》	国家标准		行业标准		地方标准		合计	
大、中类	小类及分类注释	产品代码	标准数量	标准占比	标准数量	标准占比	标准数量	标准占比	标准数量	标准占比
183 服饰制造	1830* 服饰制造：运动服饰制造	182101 帽子 18210101 缝制帽	0	0.00%	1	1.03%	0	0.00%	1	0.45%
19 皮革、毛皮、羽毛及其制品和制鞋业 192 皮革制品制造 195 制鞋业	1922* 皮箱、包（袋）制造：指以全部或大部分用皮革、人造革、合成革为材料，或者以塑料、纺织物为材料，制作各种用途的皮箱、皮包（袋），或其他材料的箱、包（袋）等制作活动	1903040100 塑料面运动包 1903050100 纺织材料面运动包	0	0.00%	1	1.03%	0	0.00%	1	0.45%
	1951* 纺织面料鞋制造：指用各种纺织面料、木材、棕草等原料缝制、模压或编制各种鞋的生产活动	18200205 纺织面运动鞋	2	2.63%	4	4.12%	1	2.13%	7	3.18%

续 表

《2017年国民经济行业分类注释》		《统计用产品分类目录》	国家标准		行业标准		地方标准		合计	
大、中类	小类及分类注释	产品代码	标准数量	标准占比	标准数量	标准占比	标准数量	标准占比	标准数量	标准占比
19 皮革、毛皮、羽毛及其制品和制鞋业 192 皮革制品制造 195 制鞋业	1952* 皮鞋制造：指以全部或大部分用皮革、人造革、合成革为面料，以橡胶、塑料或合成材料等为外底，按缝绱、胶粘、模压、注塑等工艺方法制作各种皮鞋的生产活动	182001 皮革鞋靴 18200101 天然皮革面鞋靴	0	0.00%	4	4.12%	0	0.00%	4	1.82%
	1953* 塑料鞋制造：指以聚氯乙烯、聚乙烯、聚氨酯和乙烯醋酸乙烯等树脂为原料生产发泡或不发泡的塑料鞋类制品的活动	18200205 纺织面运动鞋	0	0.00%	6	6.19%	0	0.00%	6	2.73%
	1954 橡胶鞋制造：指以橡胶作为鞋底、鞋帮的运动鞋及其他橡胶鞋和橡胶鞋部件的生产活动	18200102 非天然皮革面鞋靴	5	6.58%	9	9.28%	2	4.26%	16	7.27%

续　表

《2017年国民经济行业分类注释》		《统计用产品分类目录》	国家标准		行业标准		地方标准		合计	
大、中类	小类及分类注释	产品代码	标准数量	标准占比	标准数量	标准占比	标准数量	标准占比	标准数量	标准占比
20 木材加工和木、竹、藤、棕、草制品业 203 木质制品制造	2034* 木地板制造：指以木材为原料加工成建筑用木料和木材组件、木容器、软木制品及其他木制品的生产活动		2	2.63%		0.00%	2	4.26%	4	1.82%
21 家具制造业 214 塑料家具制造	2140* 塑料家具制造：指用塑料管、板、异型材加工或用塑料、玻璃钢（即增强塑料）直接在模具中成型的家具的生产活动	21010702 玻璃纤维增强塑料坐具	1	1.32%	1	1.03%	0	0.00%	2	0.91%
29 橡胶和塑料制品业 291 橡胶制品业 292 塑料制品业	2916 运动场地用塑胶制造：指运动场地、操场及其他特殊场地用的合成材料跑道面层制造和其他塑胶制造		10	13.16%	11	11.34%	16	34.04%	37	16.82%

续 表

《2017年国民经济行业分类注释》		《统计用产品分类目录》	国家标准		行业标准		地方标准		合计	
大、中类	小类及分类注释	产品代码	标准数量	标准占比	标准数量	标准占比	标准数量	标准占比	标准数量	标准占比
29 橡胶和塑料制品业 291 橡胶制品业 292 塑料制品业	2928 人造草坪制造：指采用合成纤维，植入在机织的基布上，并具有天然草运动性能的人造草制造	42070205 人造草坪毯	2	2.63%	2	2.06%	5	10.64%	9	4.09%
306 玻璃纤维和玻璃纤维增强塑料制品制造	3061* 玻璃纤维及制品制造，包括玻璃纤维及制品的制造活动：高模量玻璃纤维（M-GF）及制品用于航空航天、体育用品、大型风电叶片等领域		1	1.32%	0	0.00%	0	0.00%	1	0.45%
33 金属制品业 332 金属工具制造 338 金属制日用品制造 339 铸造及其他金属制品制造	3324* 刀剪及类似日用金属工具制造：指日常生活用刀剪、刀具、指甲钳等类似金属工具的制造	34070201 日常用刀	0	0.00%	0	0.00%	0	0.00%	0	0.00%

续 表

《2017年国民经济行业分类注释》		《统计用产品分类目录》	国家标准		行业标准		地方标准		合计	
大、中类	小类及分类注释	产品代码	标准数量	标准占比	标准数量	标准占比	标准数量	标准占比	标准数量	标准占比
33 金属制品业 332 金属工具制造 338 金属制日用品制造 339 铸造及其他金属制品制造	3329* 其他金属工具制造：指上述类别未包括的用于各种用途的金属工具的制造。包括武术器械和用品：竞技武术类（长拳类、南拳类、太极拳类）、传统武术类器械和用品（含刀、棍、剑等）制造等	24060310 武术器械和用品	0	0.00%	0	0.00%	0	0.00%	0	0.00%
	3389* 其他金属制日用品制造：指以不锈钢、铝等金属为主要原材料，加工制作各种日常生活用金属制品的生产活动。包括奖杯、奖牌、纪念证章	342807 金属制普通标牌、奖杯、奖章及类似品	1	1.32%	1	1.03%	0	0.00%	2	0.91%

续　表

《2017年国民经济行业分类注释》		《统计用产品分类目录》	国家标准		行业标准		地方标准		合计	
大、中类	小类及分类注释	产品代码	标准数量	标准占比	标准数量	标准占比	标准数量	标准占比	标准数量	标准占比
33 金属制品业 332 金属工具制造 338 金属制日用品制造 339 铸造及其他金属制品制造	3399* 其他未列明金属制品制造：指其他上述未包括的金属制品的制造；本类别还包括武器弹药的制造	36330101 运动用枪械 3633020100 运动枪械用弹	11	14.47%	9	9.28%	0	0.00%	20	9.09%
35 专用设备制造业 357 农、林、牧、渔专用机械制造 358 医疗仪器设备及器械制造	3572* 机械化农业及园艺机具制造：指用于土壤处理，作物种植或施肥，种植物收割的农业、园艺或其他机械的制造	3637090200 草坪及运动场地滚压机 3637090300 草坪机动割草机	0	0.00%	0	0.00%	0	0.00%	0	0.00%
	3581* 医疗诊断、监护及治疗设备制造：指用于内科、外科、眼科、妇产科等医疗专用诊断、监护、治疗等方面的设备制造	3643050112 运动心电功量计	1	1.32%	2	2.06%	1	2.13%	4	1.82%

续 表

《2017年国民经济行业分类注释》		《统计用产品分类目录》	国家标准		行业标准		地方标准		合计	
大、中类	小类及分类注释	产品代码	标准数量	标准占比	标准数量	标准占比	标准数量	标准占比	标准数量	标准占比
35专用设备制造业 357 农、林、牧、渔专用机械制造 358 医疗仪器设备及器械制造	3585* 机械治疗及病房护理设备制造：指各种治疗设备、病房护理及康复专用设备的制造。包括：上肢综合训练器、手指功能恢复器具等	3647010301 上肢综合训练器 3647010306 下肢康复运动器	0	0.00%	0	0.00%	0	0.00%	0	0.00%

续 表

《2017年国民经济行业分类注释》		《统计用产品分类目录》	国家标准		行业标准		地方标准		合计	
大、中类	小类及分类注释	产品代码	标准数量	标准占比	标准数量	标准占比	标准数量	标准占比	标准数量	标准占比
35专用设备制造业 357农、林、牧、渔专用机械制造 358医疗仪器设备及器械制造	3586康复辅具制造：指用于改善、补偿、替代人体功能和辅助性治疗康复辅助器具的制造，适用于运动康复等。包括个人医疗辅助器具，运动、肌力和平衡训练的设备：训练和功率自行车，行走训练辅助器具，站立架和站立支撑台，手指和手训练器械，上肢训练器械、躯干训练器械和下肢训练器械，负荷环带，斜面台，运动、肌力和平衡训练的生物反馈仪器	36470102 手动式按摩器	7	9.21%	9	9.28%	0	0.00%	16	7.27%

续 表

《2017年国民经济行业分类注释》		《统计用产品分类目录》	国家标准		行业标准		地方标准		合计	
大、中类	小类及分类注释	产品代码	标准数量	标准占比	标准数量	标准占比	标准数量	标准占比	标准数量	标准占比
35专用设备制造业 357 农、林、牧、渔专用机械制造 358 医疗仪器设备及器械制造	3587*眼镜制造：指眼镜成镜、眼镜框架和零配件、眼镜镜片、角膜接触镜（隐形眼镜）及护理产品的制造	41200102 护目眼镜	1	1.32%	0	0.00%	2	4.26%	3	1.36%
	3589*其他医疗设备及器械制造：指外科、牙科等医疗专用及兽医用家具器械的制造和人工器官及植（介）入器械制造，以及其他未列明的医疗设备及器械的制造	3647011200 仿真性辅助器具	1	1.32%	0	0.00%	0	0.00%	1	0.45%

续 表

《2017年国民经济行业分类注释》		《统计用产品分类目录》	国家标准		行业标准		地方标准		合计	
大、中类	小类及分类注释	产品代码	标准数量	标准占比	标准数量	标准占比	标准数量	标准占比	标准数量	标准占比
36 汽车制造业 361 汽车整车制造 363 改装汽车制造	3611* 汽柴油车整车制造：指由传统燃料动力装置驱动，具有四个以上车轮的非轨道、无架线的车辆，并主要用于载送人员和（或）货物、牵引输送人员和（或）货物的车辆制造	37050103 运动型多用途乘用车（SUV）	0	0.00%	0	0.00%	0	0.00%	0	0.00%
	3630* 改装汽车制造：指利用外购汽车底盘改装各类汽车的制造。包括：改装运动型多用途乘用车	37060102 改装运动型多用途乘用车	0	0.00%	1	1.03%	4	8.51%	5	2.27%

续 表

《2017年国民经济行业分类注释》		《统计用产品分类目录》	国家标准		行业标准		地方标准		合计	
大、中类	小类及分类注释	产品代码	标准数量	标准占比	标准数量	标准占比	标准数量	标准占比	标准数量	标准占比
37 铁路、船舶、航空航天和其他运输设备制造业 373 船舶及相关装置制造 374 航空、航天器及设备制造 375 摩托车制造 376 自行车和残疾人座车制造 378 非公路休闲车及零配件制造	3733 娱乐船和运动船制造：指游艇和用于娱乐或运动的其他船只的制造。包括游艇休闲与运动器材及辅助用品；摩托快艇、赛艇、皮划艇、小艇运动器材及辅助用品等	24060305 运动用船 24060306 水上运动器械和用品	2	2.63%	2	2.06%	1	2.13%	5	2.27%

续 表

《2017年国民经济行业分类注释》		《统计用产品分类目录》	国家标准		行业标准		地方标准		合计	
大、中类	小类及分类注释	产品代码	标准数量	标准占比	标准数量	标准占比	标准数量	标准占比	标准数量	标准占比
37 铁路、船舶、航空航天和其他运输设备制造业 373 船舶及相关装置制造 374 航空、航天器及设备制造 375 摩托车制造 376 自行车和残疾人座车制造 378 非公路休闲车及零配件制造	3749* 其他航空航天器制造：指在大气同温层以内飞行的用于运货或载客，用于国防，以及用于体育运动或其他用途的各种飞机及其零件的制造，包括运动航空器制造；气球、飞艇、滑翔机（含动力）、自转旋翼机、运动飞机等航空器运动器材及其零配件制造；室内外跳伞、滑翔伞、动力伞、悬挂滑翔翼、动力悬挂滑翔机等体育航空器材运动器材及零配件制造等	3720020100 滑翔机及悬挂滑翔机	1	1.32%	0	0.00%	0	0.00%	1	0.45%

续 表

《2017年国民经济行业分类注释》		《统计用产品分类目录》	国家标准		行业标准		地方标准		合计	
大、中类	小类及分类注释	产品代码	标准数量	标准占比	标准数量	标准占比	标准数量	标准占比	标准数量	标准占比
37 铁路、船舶、航空航天和其他运输设备制造业 373 船舶及相关装置制造 374 航空、航天器及设备制造 375 摩托车制造 376 自行车和残疾人座车制造 378 非公路休闲车及零配件制造	3751* 摩托车整车制造：指不论是否装有边斗的摩托车制造，包括摩托车发动机的制造		1	1.32%	0	0.00%	0	0.00%	1	0.45%
	3761* 自行车制造：指未装马达，主要以脚蹬驱动，装有一个或多个轮子的脚踏车辆及其零件的制造。包括：山地自行车、小轮自行车（BMX）	3711010200 山地自行车 3711010300 小轮自行车（BMX）	0	0.00%	0	0.00%	0	0.00%	0	0.00%

续 表

《2017年国民经济行业分类注释》		《统计用产品分类目录》	国家标准		行业标准		地方标准		合计	
大、中类	小类及分类注释	产品代码	标准数量	标准占比	标准数量	标准占比	标准数量	标准占比	标准数量	标准占比
37 铁路、船舶、航空航天和其他运输设备制造业 373 船舶及相关装置制造 374 航空、航天器及设备制造 375 摩托车制造 376 自行车和残疾人座车制造 378 非公路休闲车及零配件制造	3780 非公路休闲车及零配件制造：指以运动休闲娱乐为主要功能的运动休闲车（不含跑车、山地车和越野车）、一轮、两轮、四轮休闲车、滑板车等制造。包括运动休闲两轮或三轮车（部分）；四轮或四轮以上休闲车；独轮平衡车；两轮平衡车；电动滑板车（站立、坐式）；滑板、踏板车以及休闲专用车零件及附件	371401 休闲专用车 37140101 运动休闲两轮或三轮车 37140102 四轮或四轮以上休闲车	0	0.00%	3	3.09%	2	4.26%	5	2.27%

续 表

《2017年国民经济行业分类注释》		《统计用产品分类目录》	国家标准		行业标准		地方标准		合计	
大、中类	小类及分类注释	产品代码	标准数量	标准占比	标准数量	标准占比	标准数量	标准占比	标准数量	标准占比
38电气机械和器材制造业 385家用电力器具制造 387照明器具制造 389其他电气机械及器材制造	3856*家用美容、保健护理电器具制造：指家用美容、保健电器具的制造活动。包括：养生塑身机、运动恢复用电动按摩器等	36470101 电动按摩器具	0	0.00%	1	1.03%	0	0.00%	1	0.45%
	3873*舞台及场地用灯制造：指演出舞台、演出场地、运动场地、大型活动场地用灯制造		4	5.26%	2	2.06%	1	2.13%	7	3.18%

续 表

《2017年国民经济行业分类注释》		《统计用产品分类目录》	国家标准		行业标准		地方标准		合计	
大、中类	小类及分类注释	产品代码	标准数量	标准占比	标准数量	标准占比	标准数量	标准占比	标准数量	标准占比
38 电气机械和器材制造业 385 家用电力器具制造 387 照明器具制造 389 其他电气机械及器材制造	3891* 电气信号设备装置制造：指交通运输工具（如机动车、船舶、铁道车辆等）专用信号装置及各种电气音响或视觉报警、警告、指示装置的制造，以及其他电气声像信号装置的制造。包括显示板及类似装置：办公室显示器，足球场、体育场等用显示器，其他显示板及类似装置	3925050105 足球场、体育场等用显示器	2	2.63%	3	3.09%	0	0.00%	5	2.27%

续 表

《2017年国民经济行业分类注释》		《统计用产品分类目录》	国家标准		行业标准		地方标准		合计	
大、中类	小类及分类注释	产品代码	标准数量	标准占比	标准数量	标准占比	标准数量	标准占比	标准数量	标准占比
39 计算机、通信和其他电子设备制造业 393 广播电视设备制造 396 智能消费设备制造	3934* 专业音响设备制造：指广播电视、影剧院、各种场地等专业用录音、音响设备及其他配套设备的制造		0	0.00%	0	0.00%	0	0.00%	0	0.00%
	3961* 可穿戴智能设备制造：指由用户穿戴和控制，并且自然、持续地运行和交互的个人移动计算设备产品的制造，包括可穿戴运动监测设备制造		0	0.00%	0	0.00%	0	0.00%	0	0.00%

续 表

《2017年国民经济行业分类注释》		《统计用产品分类目录》	国家标准		行业标准		地方标准		合计	
大、中类	小类及分类注释	产品代码	标准数量	标准占比	标准数量	标准占比	标准数量	标准占比	标准数量	标准占比
39 计算机、通信和其他电子设备制造业 393 广播电视设备制造 396 智能消费设备制造	3963* 智能无人飞行器制造：指按照国家有关安全规定标准，经允许生产并主要用于娱乐、科普等的智能无人飞行器的制造		0	0.00%	0	0.00%	0	0.00%	0	0.00%
	3964* 服务消费机器人制造：指除工业和特殊作业以外的各种机器人，包括用于个人、家庭及商业服务类机器人，如康复机器人，三维肌力测评康复训练和治疗机器人，步态分析康复训练机器人，平衡测评控制康复训练机器人等；娱乐、体育比赛用无人飞行器。		2	2.63%	0	0.00%	1	2.13%	3	1.36%

续 表

《2017年国民经济行业分类注释》		《统计用产品分类目录》	国家标准		行业标准		地方标准		合计	
大、中类	小类及分类注释	产品代码	标准数量	标准占比	标准数量	标准占比	标准数量	标准占比	标准数量	标准占比
39 计算机、通信和其他电子设备制造业 393 广播电视设备制造 396 智能消费设备制造	3969* 其他智能消费设备制造：指其他未列明的智能消费设备的制造。包括：体育消费用智能设备，体育场馆、健身房等体育场所用智能设备等		1	1.32%	1	1.03%	0	0.00%	2	0.91%
40 仪器仪表制造业 402 专用仪器仪表制造 403 钟表与计时仪器制造	4028* 电子测量仪器制造：指用电子技术实现对被测对象（电子产品）的电参数定量检测装置的制造	41180201 石英电子秒表	1	1.32%	1	1.03%	0	0.00%	2	0.91%

续　表

《2017年国民经济行业分类注释》		《统计用产品分类目录》	国家标准		行业标准		地方标准		合计	
大、中类	小类及分类注释	产品代码	标准数量	标准占比	标准数量	标准占比	标准数量	标准占比	标准数量	标准占比
40 仪器仪表制造业 402 专用仪器仪表制造 403 钟表与计时仪器制造	4030* 钟表与计时仪器制造：指各种钟、表、钟表机芯、时间记录装置、计时器的制造，还包括装有钟表机芯或同步马达，用以测量、记录或指示时间间隔的装置、定时开关，以及钟表零配件的制造	41180202 机械表 41180799 台球计时钟、弈棋者用时钟等	1	1.32%	1	1.03%	0	0.00%	2	0.91%
合计			76	100.00%	97	100.00%	47	100.00%	220	100.00%

注：1.根据全国标准信息公共服务平台（http://std.samr.gov.cn/）数据整理；2.书中所有百分比数值均保留两位小数；3.《2017年国民经济行业分类注释》（按1号修改单修订）整理，"小类及分类注释"明确提出的各类体育用品；4."*"是对行业类别的内容所作的说明，一个行业分类仅部分活动属于一个体育用品业类别的；5.只列出第二产业制造业生产的专门用于体育活动的各种产品，不包括第一产业的畜牧业中为竞赛养育和训练的各种动物，如：《国民经济行业分类》（GB/T 4754-2017）中列有"0312马的饲养：包括：其他马，含赛马"，《所有经济活动的国际标准行业分类》（Rev.4-Code）中也列出了"0142马和其他马类动物的饲养，包括赛马"。

5.3 我国体育用品标准化建设现状

20世纪90年代前，我国的体育用品标准主要是轻工行业制定的一些产品标准，如篮球和篮球架、乒乓球和乒乓球台等体育器材产品标准，这些国内的体育用品行业标准多为国际体育单项组织制定和发布的竞赛规则中有关体育用品的规格规定，以及体育器材的技术要求。与全国其他行业相比，体育用品行业的标准化工作处于起步阶段，体育用品产业的技术创新和标准化研究比较薄弱，体育用品标准体系、体育用品标准保障体系还未建立。至2002年底，在中国国家标准目录中，体育用品领域中的标准数量相当少，仅占国家标准总数的2%不到。近几年，随着《体育强国建设纲要》《全民健身计划纲要》的颁布实施，体育事业的快速发展，体育产业的兴起，尤其是2008年北京第29届夏季奥林匹克运动会的成功举办，2022年北京第24届冬季奥林匹克运动会的成功举办，我国体育用品标准的制定、修订进程有所加快，体育用品标准化工作进入了发展的快车道。

5.3.1 体育用品标准的级别分布

近年来，随着标准化工作的不断改革与深入，我国基本建立起了由政府主导制定的标准与市场自主制定的标准协调配套、协同发展的新型标准体系。标准按照其性质和适用范围，可分为国家标准、行业标准、地方标准、团体标准和企业标准五个层级。其中，国家标准、行业标准、地方标准是由政府主导组织制定并发布的标准，团体标准、企业标准是由市场自主制定的标准。国家标准又可分为强制性标准、推荐性标准和指导性技术文件，行业标准、地方标准是推荐性标准。

国家标准是对全国范围内做出的统一技术要求。国家标准由国家标准化行政主管部门编制计划，协调项目分工，组织制定，统一审批、编号、发布。强制性国家标准由国务院有关行政主管部门依据职责负责提出项目、组织起草、征求意见和审查技术。强制性标准主要为保障人身健康和生命财产安全、国家安全、生态环境安全，以及满足经济社会管理基本需要而制定的技术要求。强制性国家标准一经发布，相关部门或行业必须执行。强制性国家标准的代号为“GB”。推荐性国家标准由政府标准化行政主管部门组织制定，主要定位在基础通用，是与强制性国家标准配套的标准，以及对行业发展起引领作用的标准。推荐性国家标准鼓励社会各方采用，推荐性国家标准的代号为“GB/T”。为适应某些行业领域技术快速发展和市场快速变化的需要，1998年国家规定在四级标准之外，增加一种“国家标准化指导性技术文件”。对技术尚在发展中，需要引导其发展或具有标准化价值，暂时不能制定为国家标准的项目，可以制定为国家标准化指导性技术文件，作为对国家标准的补充，其代号为“GB/Z”。1998年12月24日，原国家质量技术监督局出台《国家标准化指导性技术文件管理规定》，指导性技术文件由企业自愿采用，只供使用者参考，不具有强制性，也不具有法律上的约束性，只是相关方约定参照的技术标准依据。我国的国家标准制定、修订程序与ISO、IEC国际标准制定、修订程序基本保持一致。①

行业标准是对没有现行的国家标准，但目前又需要在全国某个行业范围内统一技术要求所制定的标准。行业标准由国务院各部委制定发布，发布后需到国务院标准化行政主管部门备案。行业标准属于推荐性标准，是对国家标准的补充，是在全国范围的某一行业内统一的标准。行业标准在相应国家标准实施后，应自行废止。

地方标准是为满足地方自然条件、风俗习惯等特殊技术要求，省级标准化行政主管部门和经其批准的设区的市级标准化行政主管部门在本区域范围内制定的统一技术要求。在没有国家标准和行业标准而又需要在省、自治区、直辖市范围内统一工业产品的安全和卫生等技术要求时，可以制定地方标准。地方标准由省、自治区、直辖市标准化行政主管部门批准、发布，并报国务院标准化行政主管部门和国务院有关行政主管部门备案。

① 国家质量技术监督局.国家标准化指导性技术文件管理规定[J].石油工业技术监督，1999，15(2)38-39.

地方标准只在本行政区域内实施，也属于推荐性标准。地方标准代号由汉语拼音字母“DB”加上省、自治区、直辖市行政区划代码前两位数字再加斜线组成。如安徽的代码为“34”，则安徽省推荐性地方标准编号为DB 34/T。

团体标准由合法注册的学会、协会、商会、联合会、产业技术联盟等社会团体，协调相关市场主体共同制定的满足市场和创新需要的标准。国家鼓励社会团体制定高于国家标准和行业标准技术要求的团体标准，引领产业、企业的创新发展和技术进步，提升产品质量和服务水平，提高市场竞争力。制定团体标准，有利于快速应对技术创新和市场对标准的需求，填补现有标准空白。团体标准按照确立的标准制定程序自主制定并发布，由本团体成员约定采用，或者按照本团体的规定供社会各方自愿采用。团体标准编号依次由团体标准代号（T）、社会团体代号、团体标准顺序号和年代号组成。如：中国体育用品业联合会团体标准代号为T/CSGF，中国文教体育用品协会团体标准代号为T/CSSGA。

企业标准是依据企业范围内需要协调、统一的技术要求、管理要求和工作要求所制定的标准，是企业组织生产、经营活动的依据。企业标准由企业自主制定，由企业法人代表或法人代表授权的主管领导批准、发布，在企业内部执行使用。没有国家标准、行业标准和地方标准的产品，企业应当制定相应的企业标准，已有国家标准或者行业标准的，国家鼓励企业制定高于推荐性国家标准相关技术要求的企业标准。但对外提供的产品或服务涉及的标准，则作为企业对市场和消费者的质量承诺。企业标准应报当地政府标准化行政主管部门和有关行政主管部门备案。企业标准由代号（Q）、企业代号、企业标准顺序号和年代号组成。如：Q/PKZG 002—2019运动鞋，匹克（中国）有限公司企业标准代号为Q/PKZG。

经全国标准信息公共服务平台（http：//std.samr.gov.cn/）、国家标准馆资源检索系统（http：//www.nssi.org.cn/）、中国标准服务网（http：//www.cssn.net.cn/cssn/）检索整理，依据体育用品产业及相关产业的分类，（见表9）截至2021年12月31日，我国体育用品现行的标准有450项，其中国家标准191项，行业标准169项，地方标准90项，分别占41438项国家标准的0.46%，占77172项行业标准的0.22%，占58050项地方标准的0.16%。体育用品国家标准中，强制标准、推荐标准、指导性技术文件分别为22项、164项和5项，占国家标准的11.52%、85.86%、2.62%。这一比例与全部国家标准的强制标准、推荐标准、指导性技术文件所占比例5.20%、93.75%和1.05%相比，体育用品国家强制标准的比例高出全部国家强制标准比例6.32个百分点，体育用品指导性技术文件的比例高出国家标准指导性技术文件所占比例1.57个百分点，而体育用品推荐标准则低7.89个百分点。在体育用品行业标准中，强制标准、推荐标准、指导性技术文件分别有8项、161项和0项，分别占国家标准的4.73%、95.27%、0.00%。体育用品地方标准90项。依据《地方标准管理办法》（国家市场监督管理总局令第26号），地方标准为推荐性标准，相对于体育用品国家标准、行业标准，体育用品地方标准较少，只有90项，也没有强制标准。体育运动中，人体运动幅度、力度、速度、强度等都将超出平常生活范围。人们在体育运动中使用的专门的体育用品，尤其是竞技体育用品，其外观、规格、结构、理化性能等都要符合人体各种运动方式、方法的特殊要求，还要符合体育运动项目规则的条文规定，才能有利于人体运动能力的有效发挥，提高体育运动的效率和效果，同时避免对人产生生理、心理上的损伤和危害，以保障人体健康和生命安全。所以，这种体育用品在市场流通的特定性和使用领域的专属性，以及运动项目的专业性方面决定了体育用品相对其他行业的产品在统一规范和技术要求上更加精准和严格，所以体育用品制定的标准相对较多。

表9　现行体育用品标准性质分类统计表

标准性质	国家标准		行业标准		地方标准		合计	
	标准数量	标准占比	标准数量	标准占比	标准数量	标准占比	标准数量	标准占比
强制标准GB	22	11.52%	8	4.73%	0	0.00%	30	0.67%

续 表

标准性质	国家标准		行业标准		地方标准		合计	
	标准数量	标准占比	标准数量	标准占比	标准数量	标准占比	标准数量	标准占比
推荐标准GB/T	164	85.86%	161	95.27%	90	100.00%	415	92.22%
指导性技术文件GB/Z	5	2.62%	0	0.00%	0	0.00%	5	1.11%
体育用品标准合计和占比	191	100.00%	169	100.00%	90	100.00%	450	100.00%
所有标准数和占比	41438	0.46%	77172	0.22%	58050	0.16%	176660	0.25%

注：1.根据全国标准信息公共服务平台（http://std.samr.gov.cn/）数据整理；2.书中所有百分比数值均保留两位小数；3.占比是指体育用品标准与全部现有国家标准、行业标准、地方标准的比例。

5.3.2 体育用品标准的种类分布

标准按照其规定的技术要求的内容特征可分为：基础通用标准、方法标准、产品标准、安全标准四类。

（1）基础通用标准是为某个领域或多个领域的基础和共性技术所制定的，或者对其他标准具有普遍指导作用的标准，包括：为了使语言文字达到统一、简化、准确，以便人们相互交流和正确理解的目的，就语言文字的概念、术语、符号、代号、代码、标志制定的通用技术语言标准；为指导和规范某个领域标准而编写的基础性标准；人类工效学、信息技术、工业工程和价值工程等通用技术标准；某个领域专业的技术指导规程、导则或通则等。如：GB/T 23868—2019《体育用品的分类》，GB/T 23866—2019《体育用品标准编写要求》，GB/T 40926.1—2021《冰球运动护具 第1部分：通用要求》，QB/T 3638—1999《皮制球工业术语》，QB/T 5048—2017《钓具分类和术语》等。

（2）方法标准是为规范试验、检验、分析、抽样、统计、计算、作业等各类技术活动的方法而制定的标准，方法标准是主要以有关产品技术要求通用的试验方法、测定方法、检验方法、分析计法、抽样方法、计算方法、设计规范、操作规程等方法为对象制定的标准，如：GB/T 32608—2016《羽毛球拍及部件的物理参数和试验方法》，GB/T 32609—2016《网球拍及部件的物理参数和试验方法》，GB/T 30907—2014《胶鞋 运动鞋减震性能试验方法》，SN/T 0720—1997《出口鞋帽、文体用品类商品运输包装检验规程》，QB/T 4334—2012《鞋类运动控制能力评估试验方法》等。

（3）产品标准是为规范某一类产品或若干类产品（包括服务）应满足的技术要求，包括品种、规格、质量、等级、设计、生产、包装、运输、储存，以及工艺要求而制定的标准，如：产品的品种、规格、质量、等级标准，以及为合理生产优质产品，在生产业务、作业方法、工艺规程、操作规范、原料能源、信息资源，以及产品包装和运输方法等方面为提高效率而制定的标准，如：GB/T 22868—2008《篮球》，GB/T 23123—2008《铁饼》，GB/T 8390—2007《单杠》，QB/T 1510—1992《网球》，QB/T 2700—2005《乒乓球台》，FZ/T 73013—2017《针织泳装》等。

（4）安全标准是以保护人体健康、生命安全，以及保护环境为目的而制定的标准。一般这类标准都具有强制性，是法律法规的延伸，是产品安全性以及和安全生产相关的技术性规定。安全标准可分为两种形式：一种是专门制定的安全标准，另一种是在产品和工艺标准中增加的有关安全相应的技术指标和要求，如：GB/T 34279—2017《笼式足球场围网设施安全通用要求》，QB/T 4913—2016《运动鞋用聚氨酯合成革安全要求》，GB/T 30230—2013《运动水壶的安全要求》，GB 24436—2009《康复训练器械 安全通用要求》，DB43/T 1252—2017《学校合成材料运动地面层质量安全通用规范》。

截至2021年12月31日，我国体育用品现行的标准450项，其中基础通用标准35项，产品标准314项，方法标准76项，安全标准25项，分别占全部体育用品标准的7.78%、69.78%、16.89%和5.56%。其中，在191项国家标准中，产品标准117项，占全部体育用品国家标准的61.26%，其次是方法标准39项，占20.42%，基础通用标准21项，占10.99%，安全标准14项，占7.33%。（见表10）

表10　现行体育用品标准类型情况统计表

标准类型	国家标准		行业标准		地方标准		合计	
	标准数量	标准占比	标准数量	标准占比	标准数量	标准占比	标准数量	标准占比
基础通用标准	21	10.99%	6	3.55%	8	8.89%	35	7.78%
产品标准	117	61.26%	134	79.29%	63	70.00%	314	69.78%
方法标准	39	20.42%	23	13.61%	14	15.56%	76	16.89%
安全标准	14	7.33%	6	3.55%	5	5.56%	25	5.56%
合计	191	100.00%	169	100.00%	90	100.00%	450	100.00%

注：1.根据全国标准信息公共服务平台（http://std.samr.gov.cn/）数据整理；2.书中所有百分比数值均保留两位小数；3.占比是指全部国家标准、行业标准、地方标准的比例。

在169项行业标准和90项地方标准中，产品标准分别为134项和63项，占比最高，分别占到全部体育用品行业和地方标准的79.29%和70.00%，安全标准占比最低，分别占到3.55%和5.56%。现行的全部国家标准41438项，其中基础通用标准8128项、比例为19.61%，产品标准13218项、比例为31.89%，方法标准14974项、比例为43.38%，安全标准2038项、比例为4.91%，卫生环保其他标准3080项、比例为7.43%。体育用品国家标准中产品标准的比例高出全部国家标准产品标准比例29.37个百分点，安全标准虽然在四类标准中的比例最低，但高出全部国家标准安全标准比例的2.42个百分点，基础通用标准则相应低8.62个百分点，方法标准则相应低22.96个百分点。

国际标准和国外先进标准通常注重研究、制定基础通用标准和方法标准。如美国材料试验协会制定的标准，起草制定、审核发布大都为非政府机构，但是这些标准先进、实用，数据翔实、精确，不仅在美国使用，而且被国际标准、国际贸易等组织，以及世界许多国家和地区采用，其中主要是基础通用标准和方法标准。相对而言，我国体育用品标准制定的基础通用标准和方法标准相对较少，而产品标准制定得相对较多。体育运动是一种超常状态人体活动，还存在一些如游泳、高山滑雪、潜水、攀岩等高危险性运动项目，安全保障显得更加重要。体育用品的安全性是产品最重要的要素，是体育标准制定的最基本的准则，所以体育用品的安全标准比例相对其他产品要高。《消费品标准和质量提升规划（2016—2020年）》指出：建立完善消费品安全标准体系，促进我国消费品安全和质量水平不断提高。国家多次开展体育用品、纺织服装、鞋类等消费品安全标准专项检查行动，对体育用品的使用安全、化学安全、机械物理安全和生物安全，建立跨领域通用安全标准、重要产品安全标准和重点领域专用安全标准相互衔接、相互配套、相互支撑的消费品安全标准体系，完善消费品安全强制性国家标准体系，不断提升体育用品安全标准水平。

5.3.3 体育用品标准的标龄分布

标龄又称为标准有效期，是指自标准自发布实施之日起，到标准重新复审确认、修订或者废止的时间段。世界各组织、各国家情况不同，规定标准的有效期也不同。如ISO标准每5年复审一次，平均标龄为4.92年。我国的《国家标准管理办法》规定，国家标准实施5年需要重新进行复审，我国国家标准规定的有效期为5年。

截至2021年底，在我国现行的191项体育用品国家标准中，标龄最长的为29年，GB/T 13412—1992《赛艇、皮艇、划艇及其附件技术条件》，标准实施年份为1992年。（见表11）标龄在10年以上的有104项，占54.43%。平均标龄为9.15年。标龄为5年以下的，只有57项，占29.85%。在现行的169项体育用品行业标准中，标龄最长是39年的JC 317—1982《玻璃钢撑竿》，实施年份1982年。（见表11）标龄在10年以上的有67项，占39.66%。平均标龄9.91年。标龄为5年以下的，只有46项，占27.23%。在现行的90项体育用品地方标准中，标龄最长是19年的DB33/T 353—2002《出口健身器材检验规程》，实施年份2002年。（见表11）标龄在10年以上的有32项，占35.55%，平均标龄6.45年。标龄为5年以下的，只有43项，占27.23%。可见，我国体育用品标准的国家标准和行业标准的平均标龄接近10年，地方标准的平均标龄也过长。标龄过长，标准老化，导致标准中有些技术指标落后，标准内容老旧，精度过宽、指标过低。2018年全国轻工业质量标准工作大会上，中国轻工业联合会会长张崇和在报告中说：目前轻工业现行标准平均标龄7.22年。标龄在10年以上的标准874项，占轻工标准总数15%。这与国际标准和世界主要发达国家标准3～5年的平均标龄相比，形成巨大的反差。而体育用品行业标准标龄远高于轻工标准的平均标龄。

我国体育用品的标准制定周期较长，标准制定和修订过程的环节较多，造成了相当一部分标准从提案立项到批准发布时间过长，甚至有些标准需要一年以上的时间才能批准发布。每一年度的体育用品国家标准和行业标准项目，从征集开始，到申报年度项目，再到国家标准委决定对年度拟立项国家标准项目面向社会公开征求意见，再下达年度标准制定与修订计划，再组织起草……，最后到标准的批准发布，平均制定与修订周期为3～5年。标准制定周期长、环节多，制定出的标准相对滞后，跟不上产业与市场快速发展的需求，不利于体育用品行业的技术进步、产品的升级换代以及产业结构的调整。但近年来这种局面明显改观，体育用品标准化建设步伐加快。从表11上看，标准实施最多的年份是2008年，这一年北京举办第29届夏季奥林匹克运动会，当年实施的国家标准45项，占全部体育用品国家标准的23.56%，其次是2021年，临近2022年2月北京举办第24届冬季奥林匹克运动会。当年实施的国家标准24项，占全部体育用品国家标准的12.57%。总体来看，特殊的年份和近5年实施的国家标准相对较多，表明近年来我国体育用品标准建设步伐加快，尤其是体育用品团体标准的制定。

《国务院关于印发深化标准化工作改革方案的通知》（国发〔2015〕13号）提出：政府主导制定的标准由6类整合精简为4类，分别是强制性国家标准和推荐性国家标准、推荐性行业标准、推荐性地方标准；市场自主制定的标准分为团体标准和企业标准。政府主导制定的标准侧重于保基本，市场自主制定的标准侧重于提高竞争力。同时建立完善与新型标准体系配套的标准化管理体制。团体标准指具有法人资格，且具备相应专业技术能力、标准化工作能力和组织管理能力的学会、协会、商会、联合会和产业技术联盟等社会团体按照确立的标准制定程序自主制定、自主发布，由社会自愿采用的标准。2016年中国文教体育用品协会出台了《关于印发〈《中国文教体育用品行业团体标准管理办法》实施细则（试行）〉的通知》，2017年《体育总局关于印发〈体育标准化管理办法〉的通知》（体经字〔2017〕628号），体育用品标准制定速度明显加快，体育用品团体标准制定也集中在近5年。经“全国团体标准信息平台”检索发现，2017年有6项团体标准发布实施，随后，每年逐年增加，到2021年发布体育用品团体标准51项。制定体育用品团体标准有利于发挥社团自身科学技术的实力、市场反应快速和各方协调能力强等方面的优势，制定高于现有基础性标准或者强制标准的团体标准，能够规范和推动我国体育用品产业转型升级，引领创新驱动，提高体育用品的技术含量和产品竞争力，推动体育用品产业的高质量发展。

表11　现行体育用品标准标龄统计表

实施年份	标龄	国家标准		行业标准		地方标准		团体标准	
		标准数量	标准占比	标准数量	标准占比	标准数量	标准占比	标准数量	标准占比
1982	39	0	0.00%	1	0.59%	0	0.00%	0	0.00%
1991	30	0	0.00%	2	1.18%	0	0.00%	0	0.00%
1992	29	1	0.52%	5	2.96%	0	0.00%	0	0.00%
1993	28	2	1.05%	3	1.78%	0	0.00%	0	0.00%

续 表

实施年份	标龄	国家标准		行业标准		地方标准		团体标准	
		标准数量	标准占比	标准数量	标准占比	标准数量	标准占比	标准数量	标准占比
1994	27	1	0.52%	1	0.59%	0	0.00%	0	0.00%
1995	26	0	0.00%	1	0.59%	0	0.00%	0	0.00%
1997	24	0	0.00%	1	0.59%	0	0.00%	0	0.00%
1999	22	0	0.00%	6	3.55%	0	0.00%	0	0.00%
2002	19	0	0.00%	3	1.78%	1	1.11%	0	0.00%
2003	18	1	0.52%	1	0.59%	1	1.11%	0	0.00%
2004	17	0	0.00%	3	1.78%	0	0.00%	0	0.00%
2005	16	15	7.85%	10	5.92%	0	0.00%	0	0.00%
2006	15	4	2.09%	8	4.73%	1	1.11%	0	0.00%
2007	14	17	8.90%	6	3.55%	1	1.11%	0	0.00%
2008	13	45	23.56%	3	1.78%	3	3.33%	0	0.00%
2009	12	7	3.66%	4	2.37%	1	1.11%	0	0.00%
2010	11	1	0.52%	3	1.78%	19	21.11%	0	0.00%
2011	10	10	5.24%	6	3.55%	5	5.56%	0	0.00%
2012	9	7	3.66%	8	4.73%	1	1.11%	0	0.00%
2013	8	6	3.14%	15	8.88%	4	4.44%	0	0.00%
2014	7	8	4.19%	13	7.69%	3	3.33%	0	0.00%
2015	6	3	1.57%	7	4.14%	2	2.22%	0	0.00%
2016	5	6	3.14%	13	7.69%	5	5.56%	0	0.00%
2017	4	10	5.24%	9	5.33%	9	10.00%	6	3.95%
2018	3	5	2.62%	0	0.00%	5	5.56%	23	15.13%
2019	2	12	6.28%	16	9.47%	18	20.00%	36	23.68%
2020	1	6	3.14%	9	5.33%	11	12.22%	36	23.68%

续　表

实施年份	标龄	国家标准		行业标准		地方标准		团体标准	
		标准数量	标准占比	标准数量	标准占比	标准数量	标准占比	标准数量	标准占比
2021	0	24	12.57%	12	7.10%	0	0.00%	51	33.55%
合计		191	100.00%	169	100.00%	90	100.00%	152	100.00%
平均标龄		9.15		9.91		6.45		1.32	

注：1.根据全国标准信息公共服务平台（http://std.samr.gov.cn/）数据整理；2.书中所有百分比数值均保留两位小数。

5.4 体育用品标准的归口单位

归口可理解为“归属”，就是将某一标准划归为哪一类和确定其属于哪个组织机构管理。按照中国标准管理制度，标准主管部门依法授权负责某项体育用品标准的制定、修订及其相应的科学研究等工作归属于某组织机构。组织机构一般是指有目的、有秩序、有系统地建立起来的机关、团体和其他工作单位或其内部组织，包括企事业单位、社会团体、机关单位、民办非企业单位及其他依法成立的单位的统称。在我国单位统一代码标识制度中，用“组织机构”来称呼通常所讲的“单位”。标准归口单位是指按国家赋予某单位在标准化工作中的权利和承担的责任，按特定的管理渠道和程序各司其职，对标准实施管理的组织机构。此外，起草单位是指负责编写某项标准的组织机构。标准提出单位是指提议实行某项标准的组织机构。标准颁布部门是指颁发某项标准的组织机构。

经全国标准信息公共服务平台（http：//std.samr.gov.cn/）、国家标准馆资源检索系统（http：//www.nssi.org.cn/）、中国标准服务网（http：//www.cssn.net.cn/cssn/）检索整理，截至2021年12月31日，现行的191项体育用品国家标准涉及31个归口单位，其中归口管理最多体育用品国家标准的单位前5位均在10项以上，位列第一的是中国轻工业联合会归口管理的53

项国家标准，占全部体育用品国家标准的27.75%，其次为全国体育用品标准化技术委员会43项，占22.51%，教育部（基础）11项，占5.76%，工业和信息化部11项，占5.76%，以及全国残疾人康复和专用设备标准化技术委员会10项，占5.24%。归口单位包括23个标准化技术委员会，教育部、工业和信息化部、国家体育总局、公安部4个政府部门，中国轻工业联合会、中国纺织工业联合会2个行业组织，中国兵器工业标准化研究所1个事业单位，中国兵器工业集团公司1个中央企业。（见表12）

表12　现行体育用品国家标准的归口单位

归口单位	标准数量	标准占比	归口单位	标准数量	标准占比
中国轻工业联合会	53	27.75%	全国玩具标准化技术委员会	2	1.05%
全国体育用品标准化技术委员会	43	22.51%	全国航空器标准化技术委员会	2	1.05%
中华人民共和国教育部基础教育司	11	5.76%	全国服务标准化技术委员会	2	1.05%
中华人民共和国工业和信息化部	11	5.76%	全国质量监管重点产品检验方法标准化技术委员会	1	0.52%
全国残疾人康复和专用设备标准化技术委员会	10	5.24%	全国照明电器标准化技术委员会	1	0.52%
全国皮革工业标准化技术委员会	8	4.19%	全国饮料标准化技术委员会	1	0.52%
全国橡胶与橡胶制品标准化技术委员会	7	3.66%	全国信息分类与编码标准化技术委员会	1	0.52%
中国兵器工业标准化研究所	6	3.14%	全国小艇标准化技术委员会	1	0.52%
全国纺织品标准化技术委员会	6	3.14%	全国特殊食品标准化技术委员会	1	0.52%

续 表

归口单位	标准数量	标准占比	归口单位	标准数量	标准占比
中国兵器工业集团有限公司	3	1.57%	全国索道与游乐设施标准化技术委员会	1	0.52%
全国制鞋标准化技术委员会	3	1.57%	全国人造板标准化技术委员会	1	0.52%
全国体育标准化技术委员会	3	1.57%	全国建筑节能标准化技术委员会	1	0.52%
国家体育总局	3	1.57%	全国机器人标准化技术委员会	1	0.52%
中国纺织工业联合会	2	1.05%	全国海洋船标准化技术委员会	1	0.52%
全国钟表标准化技术委员会	2	1.05%	中华人民共和国公安部	1	0.52%
全国音频、视频及多媒体系统与设备标准化技术委员会	2	1.05%	合计	191	100.00%

注：1. 根据全国标准信息公共服务平台（http://std.samr.gov.cn/）数据整理；2. 书中所有百分比数值均保留两位小数。

起草单位主要指牵头起草标准的单位或者排名靠前的起草标准的单位，是在发布的标准文本中所列出的起草单位。可以申请到标准立项的单位大都为协会和学会、研究院所、标准质监机构，以及生产性企业、政府管理部门等。起草单位是要在行业中具有较高影响力和社会声誉的企事业单位，而且标准化工作业绩突出，起草人应具有较高的专业素养、扎实的理论基础和丰富的实践经验，应熟悉行业标准化相关工作，并能够积极参与标准起草的各项工作，确保标准的适用性、有效性和先进性。在2019年，为了推进国家标准的精简优化，推进推荐性国家标准起草单位和起草人署名制度改革，市场监管总局下发文件规定：制定、起草标准，不再署名起草单位和起草人。

现行的191项体育用品国家标准涉及94个起草单位，其中，起草最多体育用品国家标准的单位是教育部体育卫生与艺术教育司，共起草22项，占全部起草单位的11.52%，其次是国家康复器械质量监督检验中心17项，占8.90%，再次是天津市春合体育用品有限公司，起草7项，占3.66%。起草单位包括教育部体育卫生与艺术教育司、中华人民共和国昆山出入境检验检疫局、国家体育总局体育设施建设和标准办公室、国家体育总局群众体育司、天津市塘沽区质量技术监督局和莆田出入境检验检疫局6个政府行政机关，中国标准化研究院、中国皮革和制鞋工业研究院、国家体育总局体育科学研究所、东南大学等21个高等院校和科研机构，国家康复器械质量监督检验中心、国家针织产品质量监督检验中心、国家体育总局社会体育指导中心、中国上海进出口玩具检测中心等10个行政事业单位，中国游泳协会、中国网球协会、中国击剑协会、中国饮料工业协会技术工作委员会、中国礼仪用品工业协会5个行业协会，以及52家企业。可见，参与起草体育用品国家标准的单位分布较广，尤其是技术力量强、实力雄厚的体育用品企业，如：天津市春合体育用品有限公司、泰山体育产业集团有限公司、北京飞鹿体育用品有限公司、上海红双喜股份有限公司、李宁（中国）体育用品有限公司、安踏（中国）有限公司等国内体育用品的龙头企业都作为牵头起草单位研制和起草了体育用品国家标准。（见表13）

表13　现行体育用品国家标准的起草单位

起草单位	标准数量	标准占比	起草单位	标准数量	标准占比
中华人民共和国教育部体育卫生与艺术教育司	22	11.52%	天津市塘沽区质量技术监督局	1	0.52%
国家康复器械质量监督检验中心	17	8.90%	苏州市华测检测技术有限公司	1	0.52%

续 表

起草单位	标准数量	标准占比	起草单位	标准数量	标准占比
天津市春合体育用品有限公司	7	3.66%	四川南充新原机械制造有限公司	1	0.52%
中国体育用品业联合会	6	3.14%	双驰实业股份有限公司	1	0.52%
泰山体育产业集团有限公司	6	3.14%	深圳市计量质量检测研究院	1	0.52%
北京飞鹿体育用品有限公司	6	3.14%	深圳市华明钟表有限公司	1	0.52%
中国皮革和制鞋工业研究院	4	2.09%	上海星钻秒表有限公司	1	0.52%
上海红双喜股份有限公司	4	2.09%	上海文教体育用品研究所有限公司	1	0.52%
江苏金陵体育器材股份有限公司	4	2.09%	上海汽枪厂	1	0.52%
高铁检测仪器(东莞)有限公司	4	2.09%	上海建科检验有限公司	1	0.52%
李宁(中国)体育用品有限公司	4	1.57%	上海纺织集团检测标准有限公司	1	0.52%
青岛英派斯健康科技股份有限公司	3	1.57%	厦门市华测检测技术有限公司	1	0.52%
华测检测认证集团股份有限公司	3	1.57%	莆田出入境检验检疫局	1	0.52%
国家体育总局体育设施建设和标准办公室	3	1.57%	宁波海伯集团有限公司	1	0.52%
广州海乐斯球业制造有限公司	3	1.57%	南京万德游乐设备有限公司	1	0.52%

续 表

起草单位	标准数量	标准占比	起草单位	标准数量	标准占比
常州市钱璟康复器材有限公司	3	1.57%	耐克体育(中国)有限公司	1	0.52%
重庆长江电工(集团)有限公司	2	1.05%	教育部教育装备研究与发展中心	1	0.52%
中国游泳协会	2	1.05%	江苏共创人造草坪股份有限公司	1	0.52%
中国电子科技集团公司第三研究所	2	1.05%	建设工业(集团)有限责任公司	1	0.52%
中国标准化研究院	2	1.05%	黑龙江省木材科学研究所	1	0.52%
浙江省轻工业品质量检验研究院	2	1.05%	黑龙江北方工具有限公司	1	0.52%
伟士体育用品有限公司	2	1.05%	杭州顺帆体育发展有限公司	1	0.52%
上海市质量监督检验技术研究院	2	1.05%	海宁中天检测有限公司	1	0.52%
中国兵器工业第二零八研究所	2	1.05%	浙江新华机器厂(国营九七二厂)	1	0.52%
山东东海集团有限公司	2	1.05%	国家针织产品质量监督检验中心	1	0.52%
齐齐哈尔黑龙国际冰雪装备有限公司	2	1.05%	国家文教用品质量监督检验中心	1	0.52%
宁波天旗科技有限公司	2	1.05%	国家体育总局体育科学研究所	1	0.52%
宁波奇胜运动器材有限公司	2	1.05%	国家体育总局水上运动管理中心	1	0.52%

续 表

起草单位	标准数量	标准占比	起草单位	标准数量	标准占比
航宇救生装备有限公司	2	1.05%	国家体育总局社会体育指导中心	1	0.52%
哈尔滨市高新技术检测服务中心	2	1.05%	国家体育总局群众体育司	1	0.52%
上海浩顺科技有限公司	1	1.05%	国家体育总局登山运动管理中心	1	0.52%
重庆长风机器有限责任公司	1	0.52%	国家康复辅具研究中心	1	0.52%
重庆嘉陵特种装备有限公司	1	0.52%	国家电光源质量监督检验中心(北京)	1	0.52%
中华人民共和国昆山出入境检验检疫局	1	0.52%	广州纤维产品检测研究院	1	0.52%
中国饮料工业协会技术工作委员会	1	0.52%	广州双鱼体育用品集团有限公司	1	0.52%
中国文教体育用品协会健身器材专业委员会	1	0.52%	公安部交通管理科学研究所	1	0.52%
中国网球协会	1	0.52%	福建制鞋行业技术开发(莆田)基地	1	0.52%
中国特种设备检测研究院	1	0.52%	福建纤维检验中心	1	0.52%
中国上海进出口玩具检测中心	1	0.52%	佛山市东方医疗设备厂有限公司	1	0.52%
中国礼仪用品工业协会	1	0.52%	东南大学	1	0.52%
中国建筑科学研究院有限公司	1	0.52%	北京星伟体育用品有限公司	1	0.52%
中国击剑协会	1	0.52%	北京探路者户外用品股份有限公司	1	0.52%

续　表

起草单位	标准数量	标准占比	起草单位	标准数量	标准占比
中国船舶工业综合技术经济研究院	1	0.52%	北京林业大学	1	0.52%
中国船舶工业总公司船舶工艺研究所	1	0.52%	北京康比特体育科技股份有限公司	1	0.52%
浙江天龙集团有限公司	1	0.52%	北京奥康达体育产业股份有限公司	1	0.52%
浙江省质量技术监督检测研究院	1	0.52%	鞍山北方广大体育发展有限责任公司	1	0.52%
肇庆博涵体育用品有限公司	1	0.52%	安踏(中国)有限公司	1	0.52%
合计				191	100.00%

注：1.根据全国标准信息公共服务平台（http://std.samr.gov.cn/）数据整理；2.书中所有百分比数值均保留两位小数；3.只统计第一起草单位。

截至2021年底，现行的169项体育用品行业标准涉及45个归口单位，其中归口管理最多体育用品行业标准的单位前5位均在9项标准以上，位列第一的是全国文体用品标准化中心，归口管理33项行业标准，占全部体育用品行业标准的19.53%，其次是国家体育总局体育经济司21项，占12.43%，全国橡胶与橡胶制品标准化技术委员会胶鞋分委员会12项，占7.10%，国家认证认可监督管理委员会11项，占6.51%，以及中国兵器工业标准化研究所9项，占5.33%。归口单位包括全国橡胶与橡胶制品标准化技术委员会胶鞋分委员会、全国纺织品标准化技术委员会针织品分会、全国塑料制品标准化技术委员会、全国体育用品标准化技术委员会运动服装分会等23个标准化技术委员会，商务部、国家体育总局体育经济司、国家进出口商品检验局、国家认证认可监督管理委员会、国家体育总局体育设施建设和标准办公室5个政府行政机关，全国文体用品标准化中心、全国制鞋标准化中心、国家体育总局彩票管理中心、中国兵器工业标准化研究所等14个科研机构和行政事业单位，中国体育用品业联合会、中国轻工业联合会、中国建筑材料联合会3个行业组织。（见表14）

表14　现行体育用品行业标准的归口单位

归口单位	标准数量	标准占比	归口单位	标准数量	标准占比
全国文体用品标准化中心	33	19.53%	建筑制品与构配件产品标准化技术委员会	1	0.59%
国家体育总局体育经济司	21	12.43%	建筑材料工业部北京玻璃钢研究所	1	0.59%
全国橡胶与橡胶制品标准化技术委员会胶鞋分委员会	12	7.10%	中国皮革和制鞋工业研究所	1	0.59%
国家认证认可监督管理委员会	11	6.51%	全国纺织品标准化技术委员会	1	0.59%
中国兵器工业标准化研究所	9	5.33%	全国肥料和土壤调理剂标准化技术委员会	1	0.59%
全国纺织品标准化技术委员会针织品分会	7	4.14%	全国服装标准化技术委员会	1	0.59%
全国塑料制品标准化技术委员会	7	4.14%	全国家具标准化中心	1	0.59%
全国体育用品标准化技术委员会运动服装分会	6	3.55%	全国轮胎轮辋标准化技术委员会	1	0.59%
全国制鞋标准化技术委员会	6	3.55%	全国人造板标准化技术委员会	1	0.59%
全国教育装备标准化技术委员会	6	3.55%	全国食品工业标准化技术委员会	1	0.59%

续 表

归口单位	标准数量	标准占比	归口单位	标准数量	标准占比
全国残疾人康复和专用设备标准化技术委员会	4	2.37%	全国体育标准化技术委员会	1	0.59%
全国医用电器标准化技术委员会物理治疗设备分技术委员会	4	2.37%	全国纤维增强塑料标准化技术委员会	1	0.59%
全国皮革工业标准化技术委员会	3	1.78%	全国医用电器标准化委员会医用电器分委员会	1	0.59%
全国食品发酵标准化中心	3	1.78%	全国有色金属标准化技术委员会	1	0.59%
国家进出口商品检验局	2	1.18%	全国制鞋标准化中心	1	0.59%
全国家用电器标准化技术委员会	2	1.18%	中华人民共和国商务部	1	0.59%
全国橡胶与橡胶制品标准化技术委员会	2	1.18%	中国民航科学技术研究院	1	0.59%
全国橡胶与橡胶制品标准化技术委员会橡胶杂品分会	2	1.18%	中国电子技术标准化研究院	1	0.59%
中国轻工业联合会	2	1.18%	中国建筑材料联合会	1	0.59%
全国钟表标准化技术委员会	2	0.59%	中国建筑科学研究院	1	0.59%
原国家环境保护总局环境发展中心	1	0.59%	全国皮革工业标准化技术委员会	1	0.59%
国家体育总局彩票管理中心	1	0.59%	中国体育用品业联合会	1	0.59%
国家体育总局体育设施建设和标准办公室	1	0.59%	合计	169	100.00%

注：1.根据全国标准信息公共服务平台（http://std.samr.gov.cn/）数据整理；2.书中所有百分比数值均保留两位小数。

现行的169项体育用品行业标准涉及115个起草单位，其中，北京华安联合认证检测中心有限公司是起草体育用品行业标准数量最多的单位，起草9项，占全部起草单位的5.33%，其次，是教育部体育卫生与艺术教育司6项，占3.55%，再次是泰山体育产业集团有限公司，起草5项，占2.96%。起草单位包括教育部体育卫生与艺术教育司、浙江出入境检验检疫局、厦门出入境检验检疫局、宁波出入境检验检疫局、浙江省纤维检验局等16个行政机关，中国皮革和制鞋工业研究院、中国兵器工业第二零八研究所、上海文教体育用品研究所有限公司、深圳市计量质量检测研究院、国家体育总局运动医学研究所等13个科研机构，国家针织产品质量监督检验中心、国家体育总局彩票管理中心、国家化肥质量监督检验中心（上海）、商业部科技质量中心、天津医疗器械质量监督检验中心等7个行政事业单位，中国康复辅助器具协会、泉州市标准化协会、中国食品科学技术学会运动营养食品分会、中国体育用品业联合会、胶州市制帽行业商会等6个行业协会，包胶举重杠铃国家标准起草小组、《皮制球工业术语》起草小组2个标准起草小组，泰山体育产业集团有限公司、上海回力鞋业有限公司、广州双鱼体育用品集团有限公司、李宁（中国）体育用品有限公司、浩沙实业（福建）有限公司等71个企业。可见，参与起草体育用品国家标准的单位分布较广，涉及面更广，参与起草标准的企业越来越多。（见表15）

表15　现行体育用品行业标准的起草单位

起草单位	标准数量	标准占比	起草单位	标准数量	标准占比
北京华安联合认证检测中心有限公司	9	5.33%	山东出入境检验检疫局	1	0.59%

续 表

起草单位	标准数量	标准占比	起草单位	标准数量	标准占比
中华人民共和国教育部体育卫生与艺术教育司	6	3.55%	厦门出入境检验检疫局	1	0.59%
泰山体育产业集团有限公司	5	2.96%	泉州市标准化协会	1	0.59%
中国皮革和制鞋工业研究院	4	2.37%	全国皮革工业标准化技术委员会秘书处	1	0.59%
中国康复辅助器具协会	4	2.37%	青岛双星集团技术开发中心	1	0.59%
天津医疗器械质量监督检验中心	4	2.37%	青岛市产品质量监督检验所	1	0.59%
国家体育总局体育设施建设和标准办公室	4	2.37%	莆田市双威体育用品有限公司	1	0.59%
中国食品科学技术学会运动营养食品分会	3	1.78%	宁波三A集团有限公司	1	0.59%
中国兵器工业第二零八研究所	3	1.78%	宁波出入境检验检疫局	1	0.59%
上海文教体育用品研究所有限公司	3	1.78%	连云港富司达钓具有限公司	1	0.59%
上海回力鞋业有限公司	3	1.78%	昆山多威体育用品有限公司	1	0.59%
宁波市北仑海伯精密机械制造有限公司	3	1.78%	凯胜体育用品有限公司	1	0.59%
广州双鱼体育用品集团有限公司	3	1.78%	晋江天守服装织造有限公司	1	0.59%
浙江出入境检验检疫局	2	1.18%	江阴天祥塑化制带有限公司	1	0.59%

续 表

起草单位	标准数量	标准占比	起草单位	标准数量	标准占比
张家港市金陵运动用品集团有限公司	2	1.18%	江阴市人人达科技有限公司	1	0.59%
扬州久扬渔具有限公司	2	1.18%	丹阳市斯鲍特体育用品有限公司	1	0.59%
烟台万华超纤股份有限公司	2	1.18%	江苏出入境检验检疫局	1	0.59%
深圳市计量质量检测研究院	2	1.18%	建筑材料工业部上海玻璃钢研究所	1	0.59%
李宁(中国)体育用品有限公司	2	1.18%	律泰橡胶(深圳)有限公司	1	0.59%
浩沙实业(福建)有限公司	2	1.18%	建设工业(集团)有限责任公司	1	0.59%
国营第七九一厂	2	1.18%	济宁市剑华中兴滑雪制品有限公司	1	0.59%
福建伟志兴体育用品有限公司	2	1.18%	际华三五三七制鞋有限责任公司	1	0.59%
北京体育器械厂	2	1.18%	吉林省林业科学研究院	1	0.59%
北京康比特威创体育新技术发展有限公司	2	1.18%	湖南名昶渔具体育有限公司	1	0.59%
北京出入境检验检疫局	2	1.18%	横店集团英洛华电气有限公司	1	0.59%
安踏(中国)有限公司	2	1.18%	保定市铁球厂	1	0.59%
重庆长风机器有限责任公司	1	0.59%	安徽恒盛智能科技有限公司	1	0.59%
重庆嘉陵特种装备有限公司	1	0.59%	杭州红健钓具有限公司	1	0.59%

续 表

起草单位	标准数量	标准占比	起草单位	标准数量	标准占比
中华人民共和国广东进出口商品检验局	1	0.59%	海宁耐尔袜业有限公司	1	0.59%
中华人民共和国福建进出口商品检验局	1	0.59%	海南出入境检验检疫局	1	0.59%
中国体育用品业联合会	1	0.59%	哈尔滨球厂	1	0.59%
中国建筑科学研究院有限公司	1	0.59%	国营第一二一厂	1	0.59%
中材地质工程勘查研究院有限公司	1	0.59%	国家针织产品质量监督检验中心	1	0.59%
浙江省纤维检验局	1	0.59%	国家体育总局运动医学研究所	1	0.59%
浙江人本鞋业有限公司	1	0.59%	原国家体育总局彩票管理中心	1	0.59%
云南围棋厂	1	0.59%	国家环境保护总局环境发展中心	1	0.59%
无锡双象超纤维材料股份有限公司	1	0.59%	国家化肥质量监督检验中心(上海)	1	0.59%
无锡绿波渔具制造有限公司	1	0.59%	广州海宁橡胶有限公司	1	0.59%
伟士体育用品有限公司	1	0.59%	广东麦斯卡体育用品股份有限公司	1	0.59%
威海兴泰金属制造有限公司	1	0.59%	广东出入境检验检疫局	1	0.59%
威海光威渔具集团有限责任公司	1	0.59%	福建华峰运动用品科技有限公司	1	0.59%

续　表

起草单位	标准数量	标准占比	起草单位	标准数量	标准占比
天津市春合体育用品有限公司	1	0.59%	福建华峰新材料有限公司	1	0.59%
天津出入境检验检疫局	1	0.59%	福建出入境检验检疫局	1	0.59%
天纺标检测认证股份有限公司	1	0.59%	常州市棱光化工材料有限公司	1	0.59%
四川科维实业有限责任公司	1	0.59%	北新弹性地板公司	1	0.59%
福建石狮市福林鞋业有限公司	1	0.59%	北京国体世纪质量认证中心有限公司	1	0.59%
上海中路实业有限公司	1	0.59%	爱慕股份有限公司	1	0.59%
上海星钻秒表有限公司	1	0.59%	宝钛集团有限公司	1	0.59%
上海网球厂	1	0.59%	包胶举重杠铃国家标准起草小组	1	0.59%
上海体育器材三厂	1	0.59%	安莉芳(中国)服装有限公司	1	0.59%
上海手表五厂	1	0.59%	安徽扬帆充气游乐设备制造有限公司	1	0.59%
上海市医疗器械检测所	1	0.59%	安徽安利材料科技股份有限公司	1	0.59%
上海市服装研究所有限公司	1	0.59%	《皮制球工业术语》起草小组	1	0.59%
上海荣泰健康科技股份有限公司	1	0.59%	中国民航科学技术研究院	1	0.59%
上海纺织集团检测标准有限公司	1	0.59%	上海文教体育用品研究所有限公司	1	0.59%
商业部科技质量中心	1	0.59%	济南橡塑球厂	1	0.59%

续 表

起草单位	标准数量	标准占比	起草单位	标准数量	标准占比
山东同大海岛新材料股份有限公司	1	0.59%	广州双鱼体育用品集团有限公司	1	0.59%
胶州市制帽行业商会	1	0.59%	合计	169	100.00%

注：1.根据全国标准信息公共服务平台（http://std.samr.gov.cn/）数据整理；2.书中所有百分比数值均保留两位小数；3.只统计第一起草单位。

地方标准是由地方政府标准化主管机构或专业主管部门批准、发布，在某一地区范围内统一实行的标准。截至2021年底，现行的90项体育用品地方标准涉及16个省、自治区、直辖市，其中山东省、四川省地方标准各20项，各占全部地方标准的22.22%，并列第1，第3位的是湖南省9项，占10.00%，福建省和广东省以7项、6项分列第4、第5位，分别占7.78%、6.67%。而安徽省、辽宁省、山西省、新疆维吾尔自治区各只有1项，各占1.11%。90项体育用品地方标准涉及14个组织机构，各种标准化技术委员会归口管理39个标准，占全部地方标准43.33%，列首位。其次，各地体育局归口管理15项标准，占16.67%，再次，各地技术质量监督局归口管理8项标准，占8.89%。其中，体育局、技术质量监督局、工业和信息化厅、经济与信息化委员会等10个政府行政机关，归口管理45项地方标准，占全部体育用品地方标准的49.98%，行业协会和行业管理办公室归口管理5项，占5.55%，产品质量监督检验研究院归口管理1项，占1.11%。可见，体育用品的地方标准还是以行政机关和行政事业单位归口管理为主。（见表16）

地方标准又称为区域标准，是依据《中华人民共和国标准化法》和原国家技术监督局发布的《地方标准管理办法》规定：对没有国家标准和行业标准而又需要在省、自治区、直辖市范围内统一的工业产品的安全、卫生要求，可以制定地方标准。《地方标准管理办法》是对国家标准和行业标准的补充。在公布国家标准或者行业标准之后，该地方标准应废止。在我国体育用品产业较为发达的如上海、天津、浙江、江苏、广东等地，都相应制定了一些体育用品地方标准。

体育用品的地方标准制定与修订周期短，标准协调起来较为容易，对区域内体育用品产业发展与市场发展过程中产生的新成果和新技术，出现的新情况和新问题能够快速做出反应，及时将科研成果、专利技术转化为体育用品标准，有利于推动科研成果和专利技术的推广应用，能及时对市场发展的新动态和新需求制定新的规范要求，能够促进当地区域内体育用品产业的良性竞争，规范市场行为，促进当地体育用品企业和产业的发展，为地方经济发展服务。同时，为制定新的体育用品国家标准或行业标准积累丰富的经验和可靠的技术数据，加快国家标准或行业标准制定的进程。

表16　体育用品地方标准的地区和归口单位的分布

地方标准在省、自治区、直辖市的分布				地方标准在归口单位的分布		
代码	省份	标准数量	标准占比	归口单位	标准数量	标准占比
DB37	山东	20	22.22%	标准化技术委员会	39	43.33%
DB51	四川	20	22.22%	体育局	15	16.67%
DB43	湖南	9	10.00%	技术质量监督局	8	8.89%
DB35	福建	7	7.78%	工业和信息化厅	4	4.44%
DB44	广东	6	6.67%	经济与信息化委员会	4	4.44%
DB13	河北	5	5.56%	出入境检验检疫局	4	4.44%
DB33	浙江	5	5.56%	山东省教育厅	4	4.44%
DB11	北京	4	4.44%	行业协会	4	4.44%
DB32	江苏	3	3.33%	市场监督管理局	3	3.33%
DB15	内蒙古	3	3.33%	林业厅	1	1.11%
DB62	甘肃	2	2.22%	海洋与渔业局	1	1.11%

续 表

地方标准在省、自治区、直辖市的分布				地方标准在归口单位的分布		
代码	省份	标准数量	标准占比	归口单位	标准数量	标准占比
DB53	云南	2	2.22%	行业管理办公室	1	1.11%
DB34	安徽	1	1.11%	产品质量监督检验研究院	1	1.11%
DB21	辽宁	1	1.11%	轻工业行政管理办公室	1	1.11%
DB14	山西	1	1.11%			
DB65	新疆	1	1.11%			
合计		90	100.00%	合计	90	100.00%

注：1.根据全国标准信息公共服务平台（http://std.samr.gov.cn/）数据整理；2.书中所有百分比数值均保留两位小数。

现行的90项体育用品地方标准涉及43个起草单位，其中起草最多体育用品地方标准的单位是四川省教学仪器设备研究所，起草20项，占全部起草单位的22.22%，其次是山东省产品质量检验研究院13项，占14.44%，再次是湖南省产商品质量监验研究院、湖南省体育局群众体育处、深圳市计量质量检测研究院、威海明洋渔具有限公司，各起草3项，各占3.33%。起草单位包括：湖南省体育局群众体育处、北京市体育局、福建省纤维检验局、湖州出入境检验检疫局、金华出入境检验检疫局、莆田出入境检验检疫局、浙江出入境检验检疫局7个政府行政机关，四川省教学仪器设备研究所、山东省产品质量检验研究院、湖南省产商品质量检验研究院、深圳市计量质量检测研究院、北京林业大学足球场草坪研究与发展中心等16所大学和科研机构，山西省纤维质量监测中心、江苏省医疗器械检验所、国家轻型电动车及电池产品质量监督检验中心、国家体育用品质量监督检验中心、国家渔具质量监督检验中心等6个行政事业单位，北京工业经济联合会、嘉祥县质量协会、云南省体育场馆建设运营协会3个行业协会，威海明洋渔具有限公司、湖南旭荣制衣有限公司、比音勒芬服饰股份有限公司、石家庄英利奥塑胶制品有限公司、元首针织股份有限公司等12家企业。由统计的数据看，大学和科研机构起草54项，占59.97%，可见体育用品地方标准的起草单位主要是大学和科研机构。（见表17）

表17　现行体育用品地方标准的起草单位

起草单位	标准数量	标准占比	起草单位	标准数量	标准占比
四川省教学仪器设备研究所	20	22.22%	呼和浩特民族学院	1	1.11%
山东省产品质量检验研究院	13	14.44%	湖南省计量检测研究院	1	1.11%
湖南省产商品质量检验研究院	3	3.33%	湖南旭荣制衣有限公司	1	1.11%
湖南省体育局群众体育处	3	3.33%	湖州出入境检验检疫局	1	1.11%
深圳市计量质量检测研究院	3	3.33%	嘉祥县质量协会	1	1.11%
威海明洋渔具有限公司	3	3.33%	江苏省医疗器械检验所	1	1.11%
国家渔具质量监督检验中心	3	3.33%	金华出入境检验检疫局	1	1.11%
河北省产品质量监督检验研究院	2	2.22%	辽宁省森林经营研究所	1	1.11%
北京工业经济联合会	2	2.22%	内蒙古狄和民族用品有限公司	1	1.11%
北京市体育局	2	2.22%	内蒙古自治区产品质量检验研究院	1	1.11%
福建省纤维检验局	2	2.22%	莆田出入境检验检疫局	1	1.11%

续 表

起草单位	标准数量	标准占比	起草单位	标准数量	标准占比
甘肃省产品质量监督检验研究院	2	2.22%	山西省纤维质量监测中心	1	1.11%
泉州市标准化研究所	2	2.22%	石家庄英利奥塑胶制品有限公司	1	1.11%
北京林业大学足球场草坪研究与发展中心	1	1.11%	新疆维吾尔自治区产品质量监督检验研究院	1	1.11%
比音勒芬服饰股份有限公司	1	1.11%	扬州市节能技术服务中心	1	1.11%
福建省标准化研究院	1	1.11%	济南元首针织股份有限公司	1	1.11%
福建省水产研究所	1	1.11%	云南省体育场馆建设运营协会	1	1.11%
广州市锐丰音响科技股份有限公司	1	1.11%	云南围棋厂	1	1.11%
国家轻型电动车及电池产品质量监督检验中心	1	1.11%	浙江出入境检验检疫局	1	1.11%
国家体育用品质量监督检验中心	1	1.11%	浙江家具与五金研究所	1	1.11%
			浙江正特股份有限公司	1	1.11%
合肥恒诚智能技术有限公司	1	1.11%	中潜股份有限公司	1	1.11%
合计				90	100.00%

注：1. 根据全国标准信息公共服务平台（http://std.samr.gov.cn/）数据整理；2. 书中所有百分比数值均保留两位小数；3. 只统计第一起草单位。

团体标准指由团体按照自己确立的制定程序，自主制定、自行发布、自己使用、社会自愿采用的标准。现行的152项体育用品团体标准涉及56个社会团体，其中起草最多体育用品团体标准的单位是浙江省品牌建设联合会，起草40项，占全部团体标准的26.32%，其次是中国文教体育用品协会15项，占9.87%，湖北省体育场馆建设协会9项，占5.92%，中国体育用品业联合会7项，占4.61%。在56个社会团体中，有中国文教体育用品协会、中国体育用品业联合会、中国棒球协会、中国纺织工程学会、中国服装协会等17家全国性的社会团体，浙江省品牌建设联合会、湖北省体育场馆建设协会、广东省体育设施制造商协会、江苏省体育建筑施工行业协会、陕西省体育设施行业协会等25家省级社会团体，青岛市质量协会、哈尔滨市滑雪协会、海宁市袜子行业协会、惠民县化纤绳网协会、莆田市鞋业协会等14家市级社会团体。其中，25家省级社会团体发布体育用品团体标准80项，占全部152项团体标准的52.63%。可见，省级社会团体是体育用品团体标准的主要制定者和发布者。(见表18)

表18　现行体育用品团体标准的社会团体分布

团体名称	标准数量	标准占比	团体名称	标准数量	标准占比
浙江省品牌建设联合会	40	26.32%	海宁市袜子行业协会	1	0.66%
中国文教体育用品协会	15	9.87%	嘉兴市标准化协会	1	0.66%
湖北省体育场馆建设协会	9	5.92%	江苏省体育建筑施工行业协会	1	0.66%
中国体育用品业联合会	7	4.61%	江苏省孕婴童用品协会	1	0.66%
青岛市质量协会	5	3.29%	辽宁省通用航空协会	1	0.66%
广东省体育设施制造商协会	4	2.63%	宁海县文教体育用品协会	1	0.66%
哈尔滨市滑雪协会	4	2.63%	山东省质量评价协会	1	0.66%
惠民县化纤绳网协会	4	2.63%	山东质量检验协会	1	0.66%

续 表

团体名称	标准数量	标准占比	团体名称	标准数量	标准占比
东莞市体育用品行业协会	3	1.97%	山西省服装协会	1	0.66%
莆田市鞋业协会	3	1.97%	陕西省体育设施行业协会	1	0.66%
中国航空运动协会	3	1.97%	上海市化学建材行业协会	1	0.66%
中国检验检测学会	3	1.97%	上海市计量协会	1	0.66%
北京侵权伪劣物品检验鉴定技术创新联盟	2	1.32%	上海体育设施工程建设行业协会	1	0.66%
定州市运动体育用品行业协会	2	1.32%	深圳市安全防范行业协会	1	0.66%
东莞健美健身协会	2	1.32%	深圳市纺织行业协会	1	0.66%
广东省产品认证服务协会	2	1.32%	天津市体育产业协会	1	0.66%
河北省体育产业协会	2	1.32%	中国棒球协会	1	0.66%
黑龙江省机器人运动协会	2	1.32%	中国纺织工程学会	1	0.66%
山东认证认可协会	2	1.32%	中国服装协会	1	0.66%
中国康复辅助器具协会	2	1.32%	中国合作贸易企业协会	1	0.66%
大连市石油和化工行业协会	1	0.66%	中国建筑装饰装修材料协会	1	0.66%
东莞市鞋业商会	1	0.66%	中国教育装备行业协会	1	0.66%
广东省皮革协会	1	0.66%	中国商业联合会	1	0.66%
广东省市场协会	1	0.66%	中国体育场馆协会	1	0.66%
广东省质量检验协会	1	0.66%	中国玩具和婴童用品协会	1	0.66%
广东鞋业厂商会	1	0.66%	中国饮料工业协会	1	0.66%
贵州省体育场地设施建设行业协会	1	0.66%	中国质量检验协会	1	0.66%
重庆市璧山区鞋业协会	1	0.66%	中国中小企业协会	1	0.66%
合计				152	100.00%

注：1.根据全国标准信息公共服务平台（http://std.samr.gov.cn/）数据整理；2.书中所有百分比数值均保留两位小数。

现行的152项体育用品团体标准涉及99个起草单位，其中起草最多体育用品团体标准的单位是泰山体育产业集团有限公司，起草8项，占全部体育用品团体标准的5.26%，其次是浙江省家具与五金研究所，起草6项，占3.95%，再次是青岛国恩体育草坪有限公司和浙江蓝箭万帮标准技术有限公司，各起草5项，各占3.29%。起草单位包括浙江省家具与五金研究所、宁波市标准化研究院、浙江省轻工业品质量检验研究院、广州番禺职业技术学院、国家体育总局体育工程重点实验室等17所大学和科研机构，中国体育用品业联合会、哈尔滨市滑雪协会、广东省体育设施制造商协会、广东省体育设施制造商协会、辽宁省通用航空协会、天津市体育产业协会等21个行业协会，国家体育总局航空无线电模型运动管理中心、莆田海关综合技术服务中心、全国学校体育联盟机器人工委资格认证中心、山西省纤维质量监测中心、温州市质量技术监督检测院等行政事业单位，泰山体育产业集团有限公司、青岛英派斯健康科技股份有限公司、上海制球联合公司、上海兰华制球有限公司、威海光威户外装备有限公司等55家企业。从统计的数据看，55家企业起草团体标准84项，占全部152项体育用品团体标准的55.37%，可见体育用品团体标准的起草单位主要是体育用品企业。（见表19）

表19　现行体育用品团体标准的起草单位

起草单位	标准数量	标准占比	起草单位	标准数量	标准占比
泰山体育产业集团有限公司	8	5.26%	江苏省产品质量监督检验研究院	1	0.66%
浙江省家具与五金研究所	6	3.95%	辽宁省通用航空协会	1	0.66%
青岛国恩体育草坪有限公司	5	3.29%	宁波艾利特控股集团有限公司	1	0.66%

续 表

起草单位	标准数量	标准占比	起草单位	标准数量	标准占比
浙江蓝箭万帮标准技术有限公司	5	3.29%	宁波海伯精工机械制造有限公司	1	0.66%
滨州市丹林体育用品有限公司	4	2.63%	宁波三A集团有限公司	1	0.66%
哈尔滨市滑雪协会	4	2.63%	宁海兴达旅游用品有限公司	1	0.66%
中正华体国际认证有限公司	4	2.63%	平湖市童车行业协会	1	0.66%
广东省体育设施制造商协会	3	1.97%	侨伟运动器材(南京)有限公司	1	0.66%
广州检验检测认证集团有限公司	3	1.97%	青岛市纤维纺织品检验研究院	1	0.66%
宁波市标准化研究院	3	1.97%	全国学校体育联盟机器人工委资格认证中心	1	0.66%
莆田海关综合技术服务中心	3	1.97%	瑞安市鞋革行业协会	1	0.66%
浙江省轻工业品质量检验研究院	3	1.97%	厦门鑫奥力电器有限公司	1	0.66%
比音勒芬服饰股份有限公司	2	1.32%	山东迈宝赫健身器材有限公司	1	0.66%
广州番禺职业技术学院	2	1.32%	山东泰山体育器材有限公司	1	0.66%
国家体育总局航空无线电模型运动管理中心	2	1.32%	山西省纤维质量监测中心	1	0.66%
河北恒达健身文化用品集团有限公司	2	1.32%	陕西立博源科技有限公司	1	0.66%

续 表

起草单位	标准数量	标准占比	起草单位	标准数量	标准占比
河北英利奥体育用品有限公司	2	1.32%	陕西省体育设施行业协会	1	0.66%
青岛英派斯健康科技股份有限公司	2	1.32%	上海兰华制球有限公司	1	0.66%
舒华体育股份有限公司	2	1.32%	上海市化学建材行业协会	1	0.66%
温州市标准化科学研究院	2	1.32%	上海市计量测试技术研究院	1	0.66%
温州市质量技术监督检测院	2	1.32%	上海制球联合公司	1	0.66%
无锡市产品质量监督检验院	2	1.32%	上海质量教育培训中心	1	0.66%
永康市标准化研究院	2	1.32%	绍兴市上虞区标准化研究院	1	0.66%
浙江方圆检测集团股份有限公司	2	1.32%	深圳市安全防范行业协会	1	0.66%
浙江省标准化研究院	2	1.32%	深圳市英柏检测技术有限公司	1	0.66%
常州市钱璟康复股份有限公司	2	1.32%	台州市标准化研究院	1	0.66%
北京奥康达体育产业股份有限公司	1	0.66%	天津市体育产业协会	1	0.66%
北京华体体育场馆施工有限责任公司	1	0.66%	威海光威户外装备有限公司	1	0.66%
北京金史密斯科技股份有限公司	2	1.32%	亿科检测认证有限公司	1	0.66%

续 表

起草单位	标准数量	标准占比	起草单位	标准数量	标准占比
惠州市杰诚运动器材有限公司	1	0.66%	义乌市标准化研究院	1	0.66%
大连巅峰文化产业有限公司	1	0.66%	永康市君之健运动器材有限公司	1	0.66%
东莞市迪宝鞋业有限公司	1	0.66%	永康市质量技术监测研究院	1	0.66%
东莞市东元运动科技有限公司	1	0.66%	浙江飞剑工贸有限公司	1	0.66%
东莞市环亚实业投资有限公司	1	0.66%	浙江恒诚鞋业有限公司	1	0.66%
东莞市健美健身协会	1	0.66%	浙江力玄运动科技股份有限公司	1	0.66%
东莞市全鸿体育用品有限公司	1	0.66%	浙江乔治白校服有限公司	1	0.66%
东莞市卓越健身科技有限公司	1	0.66%	浙江省标准化协会	1	0.66%
睹煜(上海)信息服务有限公司	1	0.66%	浙江省纺织测试研究院	1	0.66%
福建万聚福冰雪体育科技有限公司	1	0.66%	浙江省质量合格评定协会	1	0.66%
广东中翼信息科技有限公司	1	0.66%	浙江中天纺检测有限公司	1	0.66%
广州市番高气模制品有限公司	1	0.66%	中纺标(深圳)检测有限公司	1	0.66%
广州质量监督检测研究院	1	0.66%	中国棒球协会	1	0.66%

续 表

起草单位	标准数量	标准占比	起草单位	标准数量	标准占比
贵州腾亚建设工程有限公司	1	0.66%	中国航空运动协会	1	0.66%
国家体育总局体育工程重点实验室	1	0.66%	中国建筑装饰装修材料协会弹性地板分会	1	0.66%
黑龙江省机器人运动协会	1	0.66%	中国教育装备行业协会学校体育装备分会	1	0.66%
广东省体育设施制造商协会	1	0.66%	中国商业联合会零售供货商专业委员会	1	0.66%
湖北省理化分析测试中心有限公司	1	0.66%	中国体育用品业联合会	1	0.66%
湖南盛天新材料有限公司	1	0.66%	中国饮料工业协会技术工作委员会	1	0.66%
湖南优冠体育材料有限公司	1	0.66%	重纺测(重庆)科技有限公司	1	0.66%
			江苏明德玩具股份有限公司	1	0.66%
合计				152	100.00%

注：1.根据全国标准信息公共服务平台（http://std.samr.gov.cn/）数据整理；2.书中所有百分比数值均保留两位小数；3.只统计第一起草单位。

经全国团体标准信息平台（http://www.ttbz.org.cn/）检索整理，剔除体育场馆标准和体育服务标准，截至2021年底，现有体育用品团体标准152项，在《国民经济行业分类》中涉及体育用品制造（C244）、制鞋业（C195）、服饰制造（C1830）等30类，主要集中在制造业（C），文化、体育和娱乐业（R），建筑业（E），批发和零售业（F），卫生和社会工作（Q）5个门类，标准数量列前5位的均超过10项。体育用品制造（C244）

有现行体育用品团体标准44项，占全部152项团体标准的28.95%，列首位，其次是制鞋业（C195）19项，占12.50%，其他体育（R899）15项，占9.21%，健身休闲活动（R8930）12项，占7.89%，体育场地设施管理（R892）11项，占7.24%。体育用品团体标准主要集中在制造业，全部152项体育用品团体标准中，属于制造业（C）的标准100项，占65.79%，因为体育用品是制造业生产的主要用于体育活动的专门用品，其他行业领域的体育用品标准也有，但较少。（见表20）

表20　团体标准的行业分布

行业代码	行业名称	标准数量	标准占比	行业代码	行业名称	标准数量	标准占比
C244	体育用品制造	44	28.95%	C192	皮革制品制造	1	0.66%
C195	制鞋业	19	12.50%	C219	其他家具制造	1	0.66%
R899	其他体育	15	9.21%	C241	文教办公用品制造	1	0.66%
R8930	健身休闲活动	12	7.89%	C264	涂料、油墨、颜料及类似产品制造	1	0.66%
R892	体育场地设施管理	11	7.24%	C292	塑料制品业	1	0.66%
C1830	服饰制造	6	3.95%	C338	金属制日用品制造	1	0.66%
C246	游艺器材及娱乐用品制造	5	3.29%	C349	其他通用设备制造业	1	0.66%
C181	机织服装制造	4	2.63%	C373	船舶及相关装置制造	1	0.66%
C245	玩具制造	4	2.63%	E5090	其他未列明建筑业	1	0.66%

续 表

行业代码	行业名称	标准数量	标准占比	行业代码	行业名称	标准数量	标准占比
C291	橡胶制品业	4	2.63%	F514	文化、体育用品及器材批发	1	0.66%
R891	体育组织	4	2.63%	F524	文化、体育用品及器材专门零售	1	0.66%
S952	社会团体	4	2.63%	P839	技能培训、教育辅助及其他教育	1	0.66%
C358	医疗仪器设备及器械制造	3	1.97%	Q841	医院	1	0.66%
C152	饮料制造	1	0.66%	R8820	艺术表演场馆	1	0.66%
C171	棉纺织及印染精加工	1	0.66%	C176	针织或钩针编织物及其制品制造	1	0.66%
合计						152	100.00%

注：1.根据全国标准信息公共服务平台（http://std.samr.gov.cn/）数据整理；2.书中所有百分比数值均保留两位小数。

我国的行业标准涉及70个行业领域，42个行政主管部门，62个标准组织制定机关部门（政府机构改革后有些调整变化）。经全国标准信息公共服务平台（http：//std.samr.gov.cn/）、国家标准馆资源检索系统（http：//www.nssi.org.cn/）中国标准服务网（http：//www.cssn.net.cn/cssn/）检索整理，截至2021年12月31日，现行的169项体育用品行业标准涉及15个行业领域，其中行业标准的行业分布前5位均在10项以上，位列第一的是轻工（QB）标准62项，占全部体育用品行业标准的36.69%，依次是体育（TY）25项，占14.79%，化工（HG）19项，占11.24%，纺织（FZ）15

项，占8.88%，商检（SN）13项，占7.69%。位列末位的是林业（LY）、民用航空（MH）、有色冶金（YS），各只有1项，分别占0.59%。可见我国体育用品标准主要是轻工标准，绝大多数体育用品属于轻工产品。（见表21）

表21　现行行业标准的行业分布

行业标准代码	行业标准名称	行政主管部门	标准组织制定部门	标准数量	标准占比
QB	轻工	国家轻工业局	中国轻工业联合会	62	36.69%
TY	体育	国家体育总局	国家体育总局	25	14.79%
HG	化工	国家石油和化学工业局	中国石油和化学工业联合会	19	11.24%
FZ	纺织	国家纺织工业局	中国纺织工业联合会	15	8.88%
SN	商检	国家质量监督检验检疫总局	国家认证认可监督管理委员会	13	7.69%
WJ	兵工民品	国防科学工业委员会	中国兵器工业总公司	9	5.33%
JY	教育	教育部	教育部	6	3.55%
YY	医药	国家药品监督管理局	国家食品药品监督管理局	5	2.96%
MZ	民政	民政部	民政部	4	2.37%
JC	建材	国家建筑材料工业局	中国建筑材料联合会	3	1.78%
SB	商业	国家国内贸易局	商务部	3	1.78%
JG	建筑工业	原建设部	住房和城乡建设部	2	1.18%
LY	林业	原国家林业局	原国家林业局	1	0.59%
MH	民用航空	中国民航管理总局	中国民航管理总局	1	0.59%

续 表

行业标准代码	行业标准名称	行政主管部门	标准组织制定部门	标准数量	标准占比
YS	有色冶金	国家有色金属工业局	中国有色金属工业协会	1	0.59%
合计				169	100.00%

注：1.根据全国标准信息公共服务平台（http://std.samr.gov.cn/）数据整理；2.书中所有百分比数值均保留两位小数；3.根据现行标准文本整理，不包括调整后的现有机构。

5.5 现行体育用品标准的采标情况

采标是指将国际标准、国外先进标准的内容，经过分析研究，将适合我国的内容不同程度地采用和转化为我国标准并贯彻实施。采用国际标准和国外先进标准是我国一项重大技术经济政策，是促进技术进步，提高产品质量，扩大对外开放，加快与国际准则或惯例接轨，促进我国社会经济发展的重要措施。采用可以避免造成贸易摩擦和技术壁垒的国际标准，是WTO/TBT协议中规定的一个重要的国际贸易准则。最明显的益处：（1）能协调国际贸易中各有关方的利益诉求，避免和减少与贸易各方的争端。（2）使本国的产品更容易进入和占领国际市场。国家鼓励积极采用国际标准和国外先进标准，鼓励企业积极采用国际标准，引导企业将产品推向国内外市场。国家对采用国际标准的企业推出了一系列鼓励和优惠政策，开展了我国消费品标准与国际标准一致性程度评估，及时转化先进适用的国际标准和国外先进标准。我国标准采用国际标准或国外先进标准的程度，分为等同采用、等效采用和非等效采用三种。

（1）等同采用（≡、idt）指我国的标准在技术内容上与国际标准完全相同，没有或稍作修改。

（2）等效采用（=、eqv）指我国的标准在技术内容上与国际标准基本相同，只存在着很小差异，在编写上则采用不完全相同于国际标准的方法。

（3）非等效采用（≠、neq）指我国的标准在技术内容的规定上与国际标准有很大差异。

表22　现行体育用品国家标准的采标情况

标准号	标准中文名称	采标
GB/T 40928—2021	特里马滑雪板 固定器安装区 要求和试验方法	等同采用ISO国际标准：ISO 11497:1998
GB/T 40923.1—2021	滑雪单板 固定器安装区 第1部分：无嵌件滑雪单板的要求和试验方法	等同采用ISO国际标准：ISO 10958—1:1998
GB 6675.11—2014	玩具安全 第11部分家用秋千、滑梯及类似用途室内、室外活动玩具	等同采用ISO国际标准：ISO 8124—4:2010
GB/T 40926.1—2021	冰球运动护具 第1部分：通用要求	等同采用ISO国际标准：ISO 10256—1:2016
GB/T 40926.2—2021	冰球运动护具 第2部分：头部护具	等同采用ISO国际标准：ISO 10256—2:2016
GB/T 40926.3—2021	冰球运动护具 第3部分：面部护具	等同采用ISO国际标准：ISO 10256—3:2016
GB/T 40926.5—2021	冰球运动护具 第5部分：颈部护具	等同采用ISO国际标准：ISO 10256—5:2017
GB/T 40923.2—2021	滑雪单板固定器安装区第2部分：含嵌件滑雪单板的要求和试验方法	等同采用ISO国际标准：ISO 10958—2:2015
GB/T 40924—2021	单板滑雪靴 滑雪板固定器接口	等同采用ISO国际标准：ISO 11634:1996
GB/T 40925—2021	滑雪单板软靴束带固定器 要求和试验方法法	等同采用ISO国际标准：ISO 14573:2002
GB/T 40940—2021	滑雪单板固定器 要求和试验方法	等同采用ISO国际标准：ISO 14790:2005

续 表

标准号	标准中文名称	采标
GB/T 40932—2021	滑雪单板踏入式固定器 要求和试验方法	等同采用 ISO 国际标准：ISO 15344:2005
GB/T 39113—2020	鞋类 鞋类和鞋类部件中存在的限量物质 苯酚的测定	等同采用 ISO 国际标准：ISO 20536:2017
GB 17498.1—2008	固定式健身器材 第1部分：通用安全要求和试验方法	等同采用 ISO 国际标准：ISO 20957—1:2005
GB 17498.2—2008	固定式健身器材 第2部分：力量型训练器材 附加的特殊安全要求和试验方法	等同采用 ISO 国际标准：ISO 20957—2:2005
GB 17498.4—2008	固定式健身器材 第4部分：力量型训练长凳 附加的特殊安全要求和试验方法	等同采用 ISO 国际标准：ISO 20957—4:2005
GB 17498.5—2008	固定式健身器材 第5部分：曲柄踏板类训练器材 附加的特殊安全要求和试验方法	等同采用 ISO 国际标准：ISO 20957—5:2005
GB 17498.6—2008	固定式健身器材 第6部分：跑步机 附加的特殊安全要求和试验方	等同采用 ISO 国际标准：ISO 20957—6:2005
GB 17498.7—2008	固定式健身器材 第7部分：划船器 附加的特殊安全要求和试验方法	等同采用 ISO 国际标准：ISO 20957—7:2005
GB 17498.8—2008	固定式健身器材 第8部分：踏步机、阶梯机和登山器 附加的特殊安全要求和试验方法	等同采用 ISO 国际标准：ISO 20957—8:2005
GB 17498.9—2008	固定式健身器材 第9部分：椭圆训练机 附加的特殊安全要求和试验方法	等同采用 ISO 国际标准：ISO 20957—9:2005
GB 17498.10—2008	固定式健身器材 第10部分：带有固定轮或无飞轮的健身车 附加的特殊安全要求和试验方法	等同采用 ISO 国际标准：ISO 20957—10:2007
GB/T 40922—2021	成人特里马滑雪靴 特里马滑雪板固定器接口 要求和试验方法	等同采用 ISO 国际标准：ISO 22264:2006

续 表

标准号	标准中文名称	采标
GB/T 27735—2011	野营帐篷	等同采用ISO国际标准:ISO 5912:2003
GB/T 40931—2021	滑雪板 术语	等同采用ISO国际标准:ISO 6289:2003
GB/T 40929—2021	高山滑雪杖和旅行滑雪杖 要求和试验方法	等同采用ISO国际标准:ISO 7331:2020
GB/T 40930—2021	成人旅行滑雪靴 旅行滑雪板固定器接口 要求和试验方法	等同采用ISO国际标准:ISO 9523:2019
GB/T 29292—2012	鞋类 鞋类和鞋类部件中存在的限量物质	等同采用ISO国际标准:ISO/TR 16178:2010
GB/T 40926.4—2021	冰球运动护具 第4部分:守门员头部和面部护具	非等效采用ISO国际标准:ISO 10256—4:2016
GB/Z 26214—2010	室外运动和区域照明的眩光评价	等同采用其他国际标准:CIE 112:1994
GB/T 23268.1—2009	运动保护装备要求 第1部分:登山动力绳	非等效采用其他国际标准:BS EN 892:2004
GB/T 22754—2008	网球	非等效采用其他国际标准:ITF竞赛规则(2008)
GB/T 22751—2008	台球桌	非等效采用其他国际标准 : WPBSA 竞赛规则(2007)
GB/T 11881—2006	羽毛球	非等效采用其他国际标准:BWF竞赛规则(2000)

注：1.根据全国标准信息公共服务平台（http://std.samr.gov.cn/）数据整理；2.根据检索数据和现行标准文本整理。

截至2021年底，在我国现行的191项体育用品国家标准中，采用国际标准或国外先进标准，以及国际体育单项组织竞赛规则34项，采标率17.80%，其中等同采用（≡、idt）29项，等效采用（=、eqv）0项，非等效采用（≠、neq）5项。（见表22）

表23　现行体育用品行业标准的采标情况

标准号	标准中文名称	采标
QB/T 3908—1999	助跳板	参照采用ISO 5907—1980，REF
QB/T 3910—1999	自由体操场地	参照采用ISO 5907—1980，REF
QB/T 3909—1999	跳垫	参照采用ISO 5905—1980，REF
QB/T 1206—1991	篮球架	非等效采用BS 1982—1986 NEQ DIN 7899—1985 NEQ
HG/T 2016—2001	篮排球运动鞋	非等效采用JIS S5002—1995 NEQ
QB/T 1469—1992	橡塑球	非等效采用FIBA、IHF等竞赛规则
QB/T 1510—1992	网球	非等效采用ITF网球规则（1991）
QB/T 1468—2017	手球	参照采用IHF竞赛规则
QB/T 1205—1991	标枪	参照采用IAAF竞赛规则（1988/89）

注：1.根据全国标准信息公共服务平台（http://std.samr.gov.cn/）数据整理；2.根据检索数据和现行标准文本整理。

在我国现行的169项体育用品行业标准中，采用国际标准或国外先进标准以及国际体育单项组织竞赛规则9项，采标率5.33%，其中等同采用（≡、idt）0项，等效采用（=、eqv）0项，非等效采用（≠、neq）4项，参照采用5项。（见表23）

目前在与国际标准化工作有对应关系的领域，国家标准采用国际标准的比率为85.47%。而体育用品国家标准采标率只有17.80%，行业标准采标率仅5.33%，远远低于全国平均水平。

表24　我国体育用品标准采标情况

标准组织	代码	国标数	行标数	国际体育组织	代码	国标数	行标数
国际标准化组织	ISO	29	3	国际网球联合会	ITF	1	1

续 表

标准组织	代码	国标数	行标数	国际体育组织	代码	国标数	行标数
国际照明委员会	CIE	1	0	国际篮球联合会	FIBA	0	1
英国标准	BS	1	1	国际田径联合会	IAAF	0	1
日本工业标准	JIS	0	1	羽毛球世界联合会	BWF	1	0
				世界职业台球联合会	WPBSA	1	0
				国际手球联合会	IHF	0	1
合计	4	31	5	合计	6	3	4

注：1.根据全国标准信息公共服务平台（http://std.samr.gov.cn/）数据整理；2.根据检索数据和现行标准文本整理。

从表24中看，在现行的国家标准、行业标准中，采用国际标准和国外先进标准36项，其中，采用国际标准化组织的标准32项，采用英国标准2项，采用国际照明委员会和日本工业标准各1项，采用国际体育单项组织的竞赛规则7项，其中，国际网球联合会（ITF）网球规则2项，国际篮球联合会（FIBA）、国际田径联合会（IAAF）、羽毛球世界联合会（BWF）、世界职业台球联合会（WPBSA）、国际手球联合会（IHF）的竞赛规则各1项。采用国际体育单项组织的竞赛规则，主要是某一运动项目竞赛用的体育用品，竞赛规则对其都有明确的产品技术要求。

国际标准、国外先进标准一般平均标龄为3～5年，各运动项目的竞赛规则修订一般以奥运周期每4年重修一次。而我国现行采用的国际标准、国外先进标准，标龄过长。当国际标准、国外先进标准已经作了修订或已经废止了，我国对应的采标标准却不能及时修订或废止，导致我国标准落后于国际标准、国外先进标准。可见，我国对国际体育用品标准化组织的活动重视程度还不够，参加国际标准化活动不但次数少，人数也较少，在体育用品标准制定时跟踪不到位，反应相对较慢，缺乏对国际标准制定情况、技术发展趋势和形势变化的全面了解和准确判断，对国际标准、国外先进的体育用品标准的采用相对滞后。

5.6 体育用品标准在体育运动项目中的分布

体育运动主要是由各种运动项目的活动组成，运动项目是体育运动的核心要素，也是体育运动存在和组织活动的形式。各运动项目的竞赛规则对体育用品和场地设施都有明确的条文规定和相应的技术要求。根据2006年12月26日国家体育总局下发的《关于重新公布我国正式开展的体育运动项目的通知》，我国正式开展的体育运动项目有78大项，143小项。如：登山运动大项包括登山、攀岩、攀冰、山地户外4个运动小项。涉及运动项目的体育用品的标准235项（包括国家标准131项、行业标准78项、地方标准26项），主要分布在7个运动项目中，所涉及的体育用品标准均在10个以上。如：田径有23项，占235项标准的9.79%，依次是滑雪21项，占8.94%，体操19项，占8.09%，射击、钓鱼各18项，各占7.66%，篮球17项，占7.23%，游泳14项，占5.96%。这7个运动项目主要体现在三个方面。一是这些项目是体育运动的大项，包含的运动小项多，如田径、游泳、体操等。这从奥运会、全运会所设项目和奖牌数可见一斑。二是项目的难度大，危险性高，如：体操、游泳、射击。三是这些项目大众参与度和普及程度高，如：田径、游泳、篮球、钓鱼等。235项体育用品标准覆盖45个运动项目，只占我国正式开展的78个体育运动项目的57.69%，有33个运动项目的体育用品标准是0，有22个运动项目的体育用品标准只有1项。其中131项国家标准覆盖37个运动项目，78项行业标准覆盖22个运动项目，26项地方标准覆盖11个运动项目。从体育用品标准在各运动项目的覆盖面来看，我国现行的体育用品标准存在覆盖面较小的问题，这主要是因为缺少统一的国家标准和行业标准。如果从143个运动小项所需的运动器材、运动服装、运动鞋、个人运动防护用品和体育辅助用品等体育用品产品种类上来看，目前，我国能够生产的体育用品产品种类也至少在1000种。那么，现行的235项体育运动项目使用的体育用品现有标准的覆盖面也只有23.50%左右，有33个运动项目的体育用品没有标准，表明体育用品标准相对落后于体育运动项目及体育用品发展的需要。（见表25）

表25　体育用品标准在体育运动项目中的分布

序号	项目	国家标准	行业标准	地方标准	标准数量	标准占比	序号	项目	国家标准	行业标准	地方标准	标准数量	标准占比
3	田径	15	6	2	23	9.79%	36	摩托艇	1	0	0	1	0.43%
33	滑雪	15	3	3	21	8.94%	43	台球	1	0	0	1	0.43%
17	体操	13	4	2	19	8.09%	51	滑翔	1	0	0	1	0.43%
20	射击	10	8	0	18	7.66%	60	桥牌	1	0	0	1	0.43%
71	钓鱼	0	11	7	18	7.66%	67	毽球	1	0	0	1	0.43%
7	篮球	12	5	0	17	7.23%	76	拔河	1	0	0	1	0.43%
1	游泳	5	6	3	14	5.96%	13	马术	0	0	0	0	0.00%
11	足球	5	4	0	9	3.83%	14	曲棍球	0	0	0	0	0.00%
23	乒乓球	5	4	0	9	3.83%	15	柔道	0	0	0	0	0.00%
25	网球	5	3	0	8	3.40%	16	现代五项	0	0	0	0	0.00%
21	排球	4	3	0	7	2.98%	19	帆船	0	0	0	0	0.00%
4	羽毛球	3	4	0	7	2.98%	24	跆拳道	0	0	0	0	0.00%
61	武术	7	0	0	7	2.98%	26	铁人三项	0	0	0	0	0.00%
40	高尔夫球	1	5	1	7	2.98%	28	摔跤	0	0	0	0	0.00%
63	登山	3	2	2	7	2.98%	29	冬季两项	0	0	0	0	0.00%

续 表

序号	项目	国家标准	行业标准	地方标准	标准数量	标准占比	序号	项目	国家标准	行业标准	地方标准	标准数量	标准占比
31	冰球	5	0	0	5	2.13%	30	冰壶	0	0	0	0	0.00%
64	汽车	0	0	3	3	1.28%	35	滑水	0	0	0	0	0.00%
9	自行车	1	2	0	3	1.28%	37	救生	0	0	0	0	0.00%
27	举重	1	2	0	3	1.28%	38	健美操	0	0	0	0	0.00%
32	滑冰	2	0	0	2	0.85%	39	技巧	0	0	0	0	0.00%
10	击剑	1	1	0	2	0.85%	42	掷球	0	0	0	0	0.00%
18	赛艇	1	1	0	2	0.85%	44	藤球	0	0	0	0	0.00%
57	围棋	0	1	1	2	0.85%	45	壁球	0	0	0	0	0.00%
12	手球	0	1	0	1	0.43%	47	软式网球	0	0	0	0	0.00%
41	保龄球	0	1	0	1	0.43%	49	运动飞机	0	0	0	0	0.00%
2	射箭	0	0	1	1	0.43%	50	跳伞	0	0	0	0	0.00%
34	潜水	0	0	1	1	0.43%	53	车辆模型	0	0	0	0	0.00%
46	橄榄球	1	0	0	1	0.43%	54	航海模型	0	0	0	0	0.00%
48	热气球	1	0	0	1	0.43%	55	定向	0	0	0	0	0.00%
52	航空模型	0	1	0	1	0.43%	56	业余无线电	0	0	0	0	0.00%
65	摩托车	1	0	0	1	0.43%	58	国际象棋	0	0	0	0	0.00%

续 表

序号	项目	国家标准	行业标准	地方标准	标准数量	标准占比	序号	项目	国家标准	行业标准	地方标准	标准数量	标准占比
66	轮滑	1	0	0	1	0.43%	59	中国象棋	0	0	0	0	0.00%
68	门球	1	0	0	1	0.43%	62	健身气功	0	0	0	0	0.00%
69	舞龙舞狮	1	0	0	1	0.43%	72	风筝	0	0	0	0	0.00%
70	龙舟	1	0	0	1	0.43%	73	信鸽	0	0	0	0	0.00%
5	皮划艇	1	0	0	1	0.43%	74	体育舞蹈	0	0	0	0	0.00%
6	棒球	1	0	0	1	0.43%	75	健美	0	0	0	0	0.00%
8	拳击	1	0	0	1	0.43%	77	飞镖	0	0	0	0	0.00%
22	垒球	1	0	0	1	0.43%	78	电子竞技	0	0	0	0	0.00%
合计									131	78	26	235	100.00%

注：1.根据全国标准信息公共服务平台（http://std.samr.gov.cn/）数据整理；2.书中所有百分比数值均保留两位小数；3.根据现行标准文本和《体育用品的分类》整理；3.标准涉及两个以上运动项目，以排名第一的运动项目分类统计。

6 我国体育用品标准的管理

我国体育用品标准化工作为“统一管理、分工负责”的管理体制。“统一管理”是指国家标准化管理委员会统一管理全国体育用品标准化工作，县级以上地方标准化行政主管部门统一管理本行政区域内的体育用品标准化工作。“分工负责”是指有关行政主管部门依据职责分工，负责本部门和本行业的体育标准化工作，指导省、自治区、直辖市有关行政主管部门的标准化工作；组织本部门、本行业实施和监督体育用品标准。县级以上地方有关行政主管部门分工负责本行政区域内的本部门、本行业的体育用品标准化工作。依据标准化管理部门等级划分，体育用品标准管理的组织机构主要有（1）国家标准化管理委员会；（2）国务院有关行政主管部门、授权具有行业管理职能的行业协会、集团公司；（3）省、自治区、直辖市人民政府标准化行政主管部门等以及各层级全国专业标准化技术委员会、分技术委员会及其工作组、标准化技术研究院所、高等院校和行业组织等。

6.1 国家体育用品标准化的管理部门

我国政府机构改革后，国家市场监督管理总局对外保留国家标准化管理委员会牌子。国务院授权国家标准化管理委员会履行行政管理职能，承担国务院标准化协调机制的日常工作，负责统一管理全国标准化工作，组织制定并实施标准化战略规划。国家标准化管理委员会是国家标准的主管机构，也负责行业标准、地方标准、团体标准和企业标准的备案工作。

国家标准化管理委员会内设标准技术管理司、标准创新管理司，具体负责：制定国家标准化战略、规划、政策和管理制度并组织实施；审议并发布标准化政策、管理制度、发展规划、发布公告等；批准发布国家标准，下达国家标准计划；承担强制性国家标准的立项、编号、对外通报和授权批准发布工作；推荐性国家标准的立项、审查、批准、编号、发布和复审工作；全国专业标准化技术委员会管理工作；依法协调指导和监督行业标准、地方标准、团体标准、企业标准制定工作；规范、引导和监督团体标准制定、企业标准化活动；组织参与国际或区域性标准化组织活动；组织开展与国际先进标准对标达标和采用国际标准相关工作。因此，全国体育用品标准化工作由国家标准化管理委员会负责统一管理并组织实施，如：下达体育用品国家标准计划；批准发布体育用品国家标准；负责全国体育用品标准化技术委员会的管理工作等。

国家标准化管理委员会管辖361个标准化技术委员会和分技术委员会，其中全国体育用品标准化技术委员会（TC 291）、索道与游乐设施标准化技术委员会（TC 250）、全国消费品安全标准化技术委员会（TC 508）等标准化技术委员会和分技术委员会归其管辖。归口的国家标准计划15175项，其中包括20204966—T—469《中小学体育器材和场地 第1部分：体育器材的通用要求和试验方法》等。归口的国家标准15481项，其中包括GB/T 23868—2019《体育用品的分类》、GB/T 23866—2019《体育用品标准编写要求》、GB/T 31708—2015《体育用品安全 风险评估指南》、GB/T 40047—2021《个体防护装备 运动眼面部防护 滑雪镜》等56项。

6.2 体育用品标准化的行业管理部门

体育用品是为人们从事体育活动而专门设计生产的特殊用品。它的生产领域、流通和消费领域涉及多个部门和行业。体育用品业是一个混合型产业，体育用品的生产在我国分别属于轻工（体育器材）、纺织（运动服、运动鞋）、化工（运动鞋、场地塑胶）、汽车（赛车）、兵工民品（运动枪弹）、船舶（赛艇）等行业领域。所以，体育用品的标准化工作相对来说较为复杂，标准化工作的管理部门和组织机构相对较多。我国标准化工作主管部门主要是指政府有关行政机关，根据职责分工，负责本部门、本行业的标准化工作。经国家标准化管理委员会的全国标准信息公共服务平台“国家标准高级检索”（http：//std.samr.gov.cn/gb/search/）查询，截至2021年12月31日，“国家标准高级检索”系统列出的标准的主管部门有87个，其中有61个中央部委局办，26个具有行业管理职能的行业协会、集团公司。“国家标准高级检索”系统列出的标准归口单位632个，其中有528个全国专业标准化技术委员会，11个标准化工作组，67个中央部委局办等机构（含360-1 教育部［基础］、360-2 教育部［语言］等），26个具有行业管理职能的行业协会、集团公司，如：中国轻工业联合会、中国兵器工业集团公司等。

体育用品标准化工作机构主要包括各专门标准化技术委员会、分技术委员会及其工作组、标准化技术研究院所、高等院校和行业组织等标准化技术归口单位。这些机构的职责为研究提出体育用品标准化政策和发展规划的建议；负责对体育用品国家标准和行业标准的制定、修订及其相应的科学研究规划和计划提出建议；组织和指导体育用品国家标准和行业标准的制定修订工作、标准复审工作和本专业标准试验工作；组织和承担体育用品相应的标准化科学研究工作；组织参加国际标准化技术活动，做好体育用品的国际标准分析验证以及国际标准和国外先进标准译文的认可工作；负责体育用品标准的宣传贯彻和人员培训工作；委托承担体育用品国家标准、行业标准审查工作，指导体育用品企业标准化工作；建立和健全体育用品各种检测方法，研究国内外标准测试水平和动态并做好标准检测仪器的研究、试制、引进、消化吸收、推广应用工作。

我国体育用品标准化工作由国家标准化管理委员会统一管理。体育用品行业标准化工作主要由工业和信息化部、国家体育总局、教育部等行业的行政主管部门，根据职责分工，负责本部门、本行业的相关领域的体育用品标准化工作。这些行政主管部门负责：承担国家下达的体育用品国家标准的任务；制定本部门、本行业的体育用品标准化工作规划、计划，组织制定体育用品行业标准；统一标准的审批、编号、发布，并报国务院标准化行政主管部门备案。受国家标准化管理委员会的委托，中国体育用品业联合会、中国轻工业联合会、中国纺织工业联合会、中国石油和化学工业联合会、中国兵器工业集团公司、中国石油化工集团公司等单位负责协助管理相关领域的体育用品标准化工作。体育用品标准化技术委员会等相关专业标准化技术委员会和分技术委员会组织起草标准，行业协会、社会团体、企事业单位、科研单位参与起草。标准起草完毕后，经过审查，可由该行业的行政主管部门批准发布。

6.2.1 工业和信息化部的体育用品标准管理

组织制定和实施行业标准、指导行业质量管理工作，是工业和信息化部的主要职责之一。工业和信息化部设有消费品工业司，承担轻工、纺织、食品、医药、家电等行业标准管理工作。下设有纺织处、轻工处、食品处，还设有科技司负责统一归口管理行业标准化工作，组织拟订行业标准，负责行业标准计划编制、标准批准发布以及综合协调与监督指导工作。依据《工业通信业行业标准制定管理办法》，工业和信息化部负责管理行业及编号代码如轻工（QB）、纺织（FZ）、化工（HG）、兵工民品（WJ）、汽车（QC）、船舶（CB）、航空（HB）等行业的信息化和行业标准。我国的体育用品涉及轻工（体育器材）、纺织（运动服、运动鞋）、化工（运动鞋、场地塑胶）以及汽车（赛车）、兵工民品（运动枪弹）、船舶（赛艇）等行业领域。可见，我国体育用品标准主要是轻工、纺织等行业的标准，其主管部门主要是工业和信息化部。

工业和信息化部可以根据行业管理和产业发展需要制定体育用品行业标准、修订计划草案，向社会公开征求意见，并对社会公众意见进行汇总、协调和处理，对没有不同意见或者相关意见已协调处理完毕的计划草案形成立项建议，工业和信息化部组织专家进行评审，根据评审意见制定并公布体育用品行业标准制定和修订计划。相关标准化技术委员会、标准化专家组等组织单位，负责所属领域体育用品行业标准的起草、技术审查、复审、修订等具体工作。有关行业协会和标准化专业机构等，承担体育用品行业标准制定相关工作。目前，工业和信息化部管辖TC 114汽车、TC 114/SC 1摩托车、TC 242音频、视频及多媒体系统与设备等多个标准化技术委员会和分技术委员会，归口的国家标准计划和国家标准包括GB 24429—2009《运动头盔 自行车、滑板、轮滑运动头盔的安全要求和试验方法》、GB 17498.1—2008《固定式健身器材 第1部分：通用安全要求和试验方法》、GB 21536—2008《田径运动鞋》等。归口的行业标准有HG/T 2870—2014《乒乓球运动鞋》、HG/T 5724—2020《运动鞋足部保护要求》、FZ/T 74001—2020《纺织品 针织运动护具》、HG/T 5523—2019《胶鞋、运动鞋抓地性能试验方法》、FZ/T 73037—2019《针织运动袜》等。

6.2.2 国家体育总局的体育用品标准管理

推动体育标准化建设，起草有关法律法规草案并督促实施是国家体育总局的主要职责之一。国家体育总局设有体育经济司，负责统一归口管理全国体育行业标准化工作，主要职责是贯彻国家标准化法律法规、方针政策，制定体育标准化规章制度；组织编制体育标准化工作发展规划和体系纲要；组织制定体育国家标准和行业标准；组织归口管理体育国家标准、行业标准，加强标准实施监督；指导地方体育标准化工作和全国性体育社会团体标准化工作；协调处理体育标准化有关问题；组建、管理和指导体育专业标准化技术委员会；统一管理体育标准认证工作；组织参与体育国际标准化活动。[①]依据《体育标准化管理办法》《体育标准制修订工作实施细则》组织实施体育标准制定与修订工作。国家体育总局负责的体育行业

① 体育总局印发《体育标准化管理办法》和《体育标准化制修订工作实施细则》[J].中国质量与标准导报,2017(12):8.

的标准化工作主要是体育领域的工作标准、管理标准，在技术标准方面主要是体育服务标准、体育场馆标准，但也涉及一些体育用品标准，如：《2022年体育标准化工作要点》中发布的有关室外健身器材、公共体育设施开放等一批国家和行业标准。

国家体育总局管辖全国体育标准化技术委员会（TC 456），以及设施设备标准化分技术委员会TC 456/SC 1。归口的国家标准计划包括20201881—Q—451《室外健身器材的安全 通用要求》、20201390—T—451《国民体质测试器材 通用要求》、20076287—T—451《龙狮器材使用要求》等国家标准计划。归口的国家标准有GB 31187—2014《体育用品 电气部分的通用要求》、GB 19272—2011《室外健身器材的安全 通用要求》、GB 19196—2003《卡丁车分类与注册》、GB 19194—2003《竞赛类卡丁车通用技术条件》等。归口的行业标准包括TY/T 3901—2019《滑雪模拟机通用安全要求和试验方法》、TY/T 2001—2015《国民体质测试器材 通用要求》、TY/T 2003.1—2021《运动面层性能测试方法 第1部分：规格》、TY/T 3701.5—2019《搏击运动护具使用要求与试验方法 第5部分：护头》等。

此外，近年来各部门和行业间，也加强了标准化工作的协调与合作。如：工业和信息化部与国家体育总局签订了《关于推动体育设施设备和器材装备产业发展的合作协议》。通过双方密切协作和共同努力，促进体育用品产、学、研、用间的协同发展，加快提升国产体育设施设备和器材装备研发制造水平，加强体育用品间技术标准制定、修订工作，健全标准体系，提高国产体育设备和运动装备的技术水平和国际化水平，推动我国体育用品产业的健康发展。

6.3 我国体育用品有关标准化技术委员会

全国专业标准化技术委员会是由国家标准化管理委员会批准组建的单位，负责在一定专业领域内专门从事标准化工作的非法人技术组织，主要承担国家标准的起草和技术审查等标准化工作。专业领域较宽的技术委员会可以下设分技术委员会，SC是在TC的某一具体专业领域内从事全国性标准化工作的技术组织，由国家标准化管理委员会批准成立。分技术委员会的工作领域相对独立和完整，所负责制定与修订的国家标准可自成体系。除负责制定与修订国家标准以外，还可承担诸如标准化对外咨询服务等工作。标准制定工作组是由国家标准化管理委员会根据TC或SC工作需要，在TC或SC下面批准组建的从事一项或一系列标准制定与修订工作的全国性标准化工作技术组织，WG的工作比较单一，主要任务就是起草国家标准。技术委员会的委员来自于行业协会科研院所、大专院校、检测机构、政府部门、企业和消费者等各方代表。

根据国家标准化管理委员会公布的全国标准化技术委员会、分技术委员会及工作组列表以及《中国标准化发展年度报告（2020）》，截至2020年底，我国已经批准成立的全国专业标准化技术委员会共计1330个，包括：545个标准化技术委员会，771个分技术委员会和14个标准化工作组。全国专业标准化技术委员会主要工作职责为提出本专业领域标准化工作的政策、规划、措施和建议，编制本专业领域国家标准体系；根据社会各方的需求，提出本专业领域制定与修订国家标准项目建议；开展国家标准的起草、征求意见、技术审查、复审及国家标准外文版的组织翻译和审查工作；开展本专业领域国家标准的宣贯和国家标准起草人员的培训工作；受国务院标准化行政主管部门委托，承担归口国家标准的解释工作；开展标准实施情况的评估、研究分析工作；组织开展本领域国内外标准一致性比对分析，跟踪、研究相关领域国际标准化的发展趋势和工作动态；管理下设分技术委员会。按照《全国专业标准化技术委员会管理办法》，国家标准化管理委员会直接管理综合性、基础性和涉及部门较多的技术委员会。国务院有关行政主管部门、具有行业管理职能的行业协会、集团公司受国家标准委委托，分工管理本部门、本行业的技术委员会，指导本部门、本行业技术委员会的国家标准立项、报批以及国际标准化等工作，协调本部门、本行业技术委员会的工作。

（1）全国体育用品标准化技术委员会

全国体育用品标准化技术委员会（TC 291）是经国家标准化管理委员会负责筹建并批复成立的直属技术委员会，承担全国体育用品行业标准化技术归口工作，接受国家标准化管理委员会业务指导和管理，对全国体育用品标准化工作实行统一计划、统一审定、分工管理；主要负责体育用品的基础、管理、通用类国家标准制定与修订工作，以及目前除轻工、石油化工、纺织等行业所归口管理以外的体育用品领域的产品标准制定与修订工作；同时负责全国体育用品标准化的组织、协调工作，以及对其下属分技术委员会的管理工作，对口相关联国际组织ISO/TC 83。秘书处设在中国体育用品业联合会，负责处理全国体育用品标准化技术委员会的日常工作。全国体育用品标准化技术委员会下设运动服装分技术委员会（TC 291/SC 1）、按摩器材标准工作组（TC 291/WG 1）、运动地面材料——塑胶面层标准工作组（TC 291/WG 2）、户外运动标准工作组（TC 291/WG 3）、运动鞋标准工作组（TC 291/WG 4）、体育器材——体操器材标准工作组（TC 291/WG 5）等。

截至2021年12月31日，全国体育用品标准化技术委员会归口的相关国家标准计划有20090263—T—469《体育用品售后服务的要求》、20071051—T—469《摩托艇器材使用规范》、20071052—T—469《体育用品标准编写要求》等相关国家标准计划39项。归口的相关国家标准有GB/T 23267—2009《摩托艇器材使用规范》、GB/T 31708—2015《体育用品安全风险评估指南》、GB/T 31170—2014《雪具的维护与保养》、GB/T 30230—2013《运动水壶的安全要求》等46项。

（2）全国体育用品标准化技术委员会运动服装分技术委员会

全国体育用品标准化技术委员会运动服装分技术委员会（TC 291/SC 1），由中国纺织工业联合会筹建及进行业务指导，秘书处设在天纺标检测认证股份有限公司，负责专业范围内各类运动服装、防护用品及运动器材用纺织面料等标准管理。随着我国体育运动的推广普及和竞技运动水平的提高，各类运动服装的面料、质量、性能和生产工艺也面临着更高的要求。但是，目前我国运动服装的产品标准较少，全行业在运动服装类产品的概念术语、分类、试验方法、安全环保等方面都缺乏基本的标准。亟待制定适应行业发展、应对国际贸易需要，具有一定前瞻性、先进性和可操作性的运动服装国家标准和行业标准，为我国运动服装行业的技术进步、结构调整、产业升级提供理论支撑。

运动服装分技术委员会主要工作任务是承担我国与国际标准化组织对口的标准化技术业务工作，包括收集和研究国际标准化文献资料，审查我国的标准提案和中文译稿，以及提出对外开展标准化技术交流活动；承担我国针织运动服装行业标准化归口管理工作，负责各类运动服装、防护用品及运动器材用纺织面料等产品的国家标准、行业标准的制定、修订以及解释等有关工作；为企业提供国内外运动服装标准的有关文本资料、信息以及运动服装检测用标准样照，并提供相应的技术咨询服务；组织实施面向运动服装生产、经营企业以及运动服装质量监督检测等部门的标准宣传、贯彻、培训活动，指导企业正确理解和执行运动服装标准等。运动服装分技术委员会归口的相关国家标准计划有20204043—T—608《专业运动服装 滑雪服》、20193104—T—608《专业运动服装 田径服》等。归口的相关国家标准有GB/T 41176—2021《专业运动服装 滑雪服》、GB/T 29869—2013《针织专业运动服装通用技术要求》等。

（3）全国体育用品标准化技术委员会按摩器材标准工作组

为更好贯彻落实国家标准化工作的方针政策，提高按摩器材及体育用品领域整体标准化水平和行业竞争力，2020年6月，全国体育用品标准化技术委员会正式批准成立按摩器材标准工作组（TC 291/WG 1），这也是全国体育用品领域的第一个标准工作组。按摩器材工作组由30名按摩器材用品领域的委员组成，涵盖了按摩器材行业协会、企业、高校、科研院所、检测机构等各界代表，秘书处设在福建省宁德市标准化协会和福建海西标准化技术服务事务所有限公司。

按摩器材标准工作组主要任务是开展按摩器材领域产品、方法、安装、服务等方面的国家标准、行业标准、地方标准及团体标准研究制定工作，以及与按摩器材相关联的科研项目研究工作；分析研究按摩器材产业发展对标准的需求，加快构建按摩器材标准体系；积极推动我国按摩器材领域的国内、国际标准化工作，更多地参与国际标准化工作，加快与国际接轨；组织开展按摩器材相关标准的宣传贯彻工作，对已发布实施的标准情况进行调查、分析、评价、修订和相关标准化研究工作等。

（4）全国体育用品标准化技术委员会运动地面材料——塑胶面层标准工作组

为更好贯彻落实国家标准化工作的方针政策，提高塑胶面层领域整体标准化水平和行业竞争力。2022年1月1日，塑胶面层标准工作组（TC 291/WG 2）经全国体育用品标准化技术委员会批准成立，主要负责我国塑胶面层领域相关的国家标准、行业标准、团体标准的起草工作。技术委员会由10名运动塑胶面层领域的专家学者委员组成，涵盖了企业、科研院所、检验机构等各界代表。工作组将在运动地面材料领域研究最新进展和对标准的具体需求，以有效构建塑胶面层标准体系，起草编制、修订完善相关标准以实现对行业的有效规范，进而为全面推动塑胶面层行业高速发展奠定基础，发挥引领作用。塑胶面层标准工作组的秘书处设在广州同欣体育股份有限公司。

塑胶面层标准工作组主要任务是组织制定塑胶面层领域相关技术规范，推进国家标准、地方标准及团体标准研究制定工作；综合考虑各个组员企业专业领域内细分属性的不同，加快构建运动塑胶面层标准体系；积极开展塑胶面层相关标准的宣贯工作，对已发布实施的国家标准、行业标准、地方标准的标准情况进行调研、分析、评价研究；定期开展标准化培训工作，进一步加强标准制定与修订流程等相关知识的普及，加快完善行业的标准化活动。

（5）全国体育用品标准化技术委员会户外运动标准工作组

为了更好地贯彻国家标准化工作的方针政策，提高户外运动及体育用品领域整体标准化水平和行业竞争力，加快推进我国户外运动标准化工作，充分发挥标准化的规范、提升和引领作用，进一步巩固我国户外运动产业转型升级和健康快速发展提供有效的技术支撑，2020年8月24日，经全国体育用品标准化技术委员会批准成立全国体育用品标准化技术委员会户外运动标准工作组（TC 291/WG 3）。秘书处设在中体联（北京）户外体育发展有限公司。户外运动标准工作组由17家户外行业企业代表组成，涵盖了户外运动服装、鞋类、箱包、配件、装备、运动服务及生产、科研、检测、认证等领域的各方面专业技术人才。

户外运动标准工作组的主要任务是研究并提出与户外运动产业领域发展相适应的工作方针政策和有关技术措施的建议；负责提出户外运动产业领域标准制定和修订的长远规划和年度计划的建议；根据标准的计划，组织本领域有关单位完成户外运动产业领域标准项目的起草、征求意见等工作；协助体育用品标准化技术委员会组织对相关标准进行技术审查；组织户外运动产业领域的专项课题研究工作，协调解决标准制定与修订过程中出现的技术问题；对本领域已发布的国家标准、行业标准提出复审建议，提出继续有效、修订或废止的处理意见；收集行业、企业、组织机构、消费者等各方面的关于户外运动用品标准的技术信息和反馈意见，开展技术咨询、宣传、培训工作。

（6）全国体育用品标准化技术委员会运动鞋标准工作组

为更好贯彻落实国家标准化工作的方针政策，提高运动鞋领域整体标准化水平和行业竞争力，2021年9月1日，全国体育用品标准化技术委员会正式批准成立运动鞋标准工作组（TC 291/WG 4）。运动鞋标准工作组由13家运动鞋行业企业代表组成，涵盖了企业、高校、科研院所、检验机构等各界代表，进一步调动各地运动鞋产业集群、地方政府和细分领域运动鞋企业参与标准制定的主动性、积极性。运动鞋工作组秘书处设在中国皮革和制鞋工业研究院（晋江）有限公司。

全国体育用品标准化技术委员会运动鞋标准工作组的主要任务是组织有关单位的专家学者对运动鞋的标准体系框架进行研究，建立和完善运动鞋领域标准体系工作；根据工作组负责的标准领域，与有关单位进行研究、协调，提出拟研制的标准计划项目清单。包括橄榄球鞋、曲棍球鞋、马拉松鞋、棒球鞋、垒球鞋等不同运动项目的专项鞋型标准。

（7）全国体育用品标准化技术委员会体育器材——体操器材标准工作组

为更好贯彻落实国家标准化工作的方针政策，提高体育器材——体操器材领域整体标准化水平和行业竞争力，提高标准水平和增强适用性，推动产品创新、技术创新和标准创新，有效推进我国体操运动器材标准化工作，为进一步巩固我国体操运动产业转型升级和健康快速发展提供有效的技术支撑，全国体育用品标准化技术委员会体育器材——体操器材标准工作组（TC 291/WG 5）经全国体育用品标准化技术委员会批准成立，在体育器材专业领域内，负责我国体操器材相关的国家标准、行业标准、团体标准的起草工作，秘书处设在泰山体育产业集团有限公司。

全国体育用品标准化技术委员会体育器材——体操器材标准工作组的主要任务是制定体操运动领域器材的安全要求及试验方法，以及负责体操运动领域的国家标准、行业标准、地方标准及团体标准的研究制定工作；分析研究体操运动项目发展对标准的需求，加快构建体操器材标准体系；积极推动我国体操运动领域的国内、国际标准化工作，加快与国际接轨；组织开展与体操运动相关标准的宣贯工作，对已发布实施的标准情况进行调查、分析、评价、研究等。

此外，与体育用品标准化技术委员会相关的技术委员会设有：

全国体育标准化技术委员会（SAC/TC 456），负责体育基础通用、竞技活动、设施设备（不含运动器材制造）、场所等专业范围内的工作。秘书处所在单位是北京体育大学。

全国体育标准化技术委员会设施设备分技术委员会（SAC/TC 456/SC 1），负责体育设施设备的技术、产品、性能要求、检测方法等工作（不含运动器材制造）。秘书处所在单位是华体集团有限公司。

全国纺织品标准化技术委员会针织品分技术委员会（TC 209/SC 6，简称针织品标委会），针织品标委会下设内衣工作组、T恤衫工作组、文胸工作组、袜子工作组、水上运动服装工作组。

全国饮料标准化技术委员会植物饮料和特殊用途饮料分技术委员会，负责食用菌饮料、藻类饮料、可可饮料、谷物饮料、其他植物饮料（包括凉茶等）、运动饮料、营养素饮料、其他特殊用途饮料等标准化工作。秘书处所在单位是中国饮料工业协会技术工作委员会。

国家标准化管理委员会下发《国家标准化管理委员会关于同意轻工领域标准化技术组织体系优化方案的复函》（国标委发函〔2021〕3号），该函同意包括全国文具运动器材标准化技术委员会等五个标委会的筹建和两个分标委的撤销，全国文具运动器材标准化委员会秘书处设在中国文教体育用品协会，文具分标委会秘书处设在国家文教用品监督检验检测中心。全国文具运动器材标准化技术委员会主要负责除制笔及零件外的文教办公用品（不包括教学仪器），以及各类运动器材及配件相关标准制定与修订工作。

从现有正式批准公布的全国性标准化技术委员会来看，只有全国体育用品标准化技术委员会、全国体育用品标准化技术委员会运动服装分技术委员会，体育用品标准的工作机构相对较少，还不健全。

6.4 体育用品标准化的行业管理机构

6.4.1 中国体育用品业联合会

中国体育用品业联合会是由从事体育用品行业生产、流通、服务以及科研的企事业单位和社会组织以及个人等自愿结成的全国性、行业性社会团体的非营利性社会组织。中国体育用品业联合会涉及体育、轻工、化工、纺织、兵工民品等多个行业部门，2001年，以中国的国家会员和全权会员身份加入了世界体育用品联合会（简称WFSGI），代表中国参加世界体育用品组织，并同各个国家和地区的体育用品组织进行联系。其职责包括协助政府部门加强行业管理；按照市场化原则，建立和完善行业自律机制，维护会员的合法权益；广泛联系国内外体育用品及相关行业的企业和组织，在政府与企业间起到桥梁和纽带作用，扩大体育用品行业的国际合作和信息交流，努力为体育用品企业、行业和政府服务，为体育事业的发展服务，促进我国体育用品行业健康发展。联合会的工作内容是体育用品标准化认证工作，提高体育用品企业技术水平和管理水平，确保体育用品产品质量；参与制定和修订本行业的国家标准和行业标准，以及相应的标准培训、实施、宣贯等工作；受政府有关部门委托，组织开展行业的质量监督、产品认证及科技成果鉴定等工作；开展品牌培育和推进技术创新等工作；涉及的体育用品产品范围为竞技体育、大众体育、体育教学、体育科研以及健身、康复、休闲、娱乐体育活动中所使用的器材、服装、仪器、设备和运动饮料、食品、保健品等。联合会下设：轮滑、滑板装备专业委员会、人造草专业委员会、运动地材专业委员会、户外产业专业委员会、全民健身器材专业委员会。

中国体育用品业联合会起草的国家标准计划有20211007—T—469《移动真冰场技术规范》、20204966—T—469《中小学体育器材和场地 第1部分：体育器材的通用要求和试验方法》。起草的国家标准有GB/T 31169—2014《滑雪运动装备使用要求》、GB/T 28238—2011《体育用品售后服务的要求》、GB/T 40047—2021《个体防护装备 运动眼面部防护 滑雪镜》等。

6.4.2 中国轻工业联合会

中国轻工业联合会（简称中国轻工联，英文名：China National Light Industry Council，缩写CNLIC）是由中国轻工业及相关行业的企事业单位、科研院所、社会组织自愿组成的全国非营利性的社会团体，工作内容：广泛联系国内外轻工业以及相关行业的企业、同业组织，在政府与企事业单位，以及行业间起桥梁和纽带作用，为会员、行业、社会和政府服务，推动我国轻工业技术进步、产业升级和高质量发展；经政府有关部门批准，组织制定、修订国家标准和行业标准；推进团体标准的制定，指导行业质量管理工作，促进行业品牌建设；受国资委委托，代管国家级46个行业协会、5个行业学会、1个政研会、18家企事业单位。

中国轻工业联合会具有行业管理职能，受委托归口管理服务的行业和主要产品包括文教体育用品、自行车、钟表、食品及饮料、家具、玩具、皮革皮毛及其制品、礼仪休闲用品、羽绒及其制品、少数民族用品、电光源及照明电器等。根据新的《轻工行业分类目录》，仅在轻工业的食品饮料、皮革羽绒、日用机械、文体用品等18个大类行业中涉及体育用品的行业协会有中国文体用品协会（体育器材）、中国皮革协会（各种球类等）、中国少数民族用品协会（民间体育游戏用品）、中国羽绒工业协会（登山服）、中国饮料工业协会（运动饮料）、中国自行车协会（山地、公路自行车等）、中国钟表协会（秒表等）、中国家具协会、中国玩具和婴童用品协会、中国礼仪休闲用品工业协会、中国眼镜协会、中国照明电器协会等。

中国轻工业联合会管辖着与体育用品有关的技术委员会有TC 155自行车、TC 305制鞋、TC 253玩具、TC 252皮革工业、TC 160钟表、TC 472饮料等；归口的体育用品国家标准计划有20062788—Q—469《运动饮料》、20079324—T—607《运动器材标准编写要求》等。

6.4.3 中国文教体育用品协会

中国文教体育用品协会是1989年10月经中华人民共和国民政部核准登记成立的国家一级工业协会，是由文化教育办公用品和体育健身休闲用品行业中生产流通、教学科研、服务咨询等企事业单位及地方相关行业组织自愿组成的全国行业非营利法人社会团体。该协会具有行业管理、信息交流、业务培训、国际合作、咨询服务等职能，组织与参与制定、修订国家标准和行业标准并贯彻实施，开展行业质量管理、品牌培育等工作，下设体育用品行业专业委员会，有健身和体育器材专业委员会、钓具专业委员会、射击器材专业委员会、运动球器材专业委员会、户外运动器材专业委员会、高尔夫球专业委员会、扑克牌专业委员会。截至2019年6月，起草的国家标准计划有20172621—T—607《滑雪板 词汇》、20201944—Q—312《摩托车、电动自行车乘员头盔》、20184762—T—607《轮滑鞋》等20

项；起草的国家标准有GB/T 20096—2021《轮滑鞋》、GB/T 40929—2021《高山滑雪杖和旅行滑雪杖 要求和试验方法》等19项；制定并发布的轻工行业标准94项，正在制定与修订的标准16项；制定并发布的文体协会团体标准30项，正在制定与修订的标准22项。

6.4.4 中国纺织工业联合会

中国纺织工业联合会（简称中纺联，英文名：China National Textile And Apparel Council，缩写CNTAC）是与纺织服装行业有关的企事业单位和社会团体自愿组成的全国行业非营利法人社会团体。中国纺织工业联合会宗旨是贯彻国家产业政策，履行政府授权委托的职能；维护会员和企业合法权益；积极引导和指导纺织企业和行业发展，为企业、行业和政府服务，促进我国纺织服装行业结构调整、产业升级和健康发展，建设纺织强国。

中国纺织工业联合会的主要任务：对国内外纺织服装行业现状及发展趋势进行调查研究，组织参与制定纺织行业发展战略、产业政策、发展规划，促进纺织工业结构调整、技术进步、产业升级；协调纺织各行业之间的经济技术关系，行业对外经济技术协作与交流；参与制定、修订行业标准，并组织贯彻实施。中国纺织工业联合会有中国针织工业协会、中国服装协会、中国毛纺织行业协会、中国棉纺织行业协会、中国家用纺织品行业协会等23个行业协会。中国纺织工业联合会管辖26个标准化技术委员会以及分技术委员会。与体育用品相关的技术委员会如：TC 209纺织品、TC 219服装、TC291/SC 1运动服装、TC209/SC 6针织品等。

除中国体育用品业联合会外，上述行业协会是经政府授权或委托下承担行业管理职能，赋予部分行政管理职能和权限。相关行业协会管理的许多产品，如中国轻工业联合会管理着18个大类行业的产品，对于其主要产品说，体育用品所占的份额和产值比重较小，对这类产品重视程度也是非常有限，各行业在体育用品标准统一、协调管理上有一定的难度。因为，体育用品的消费者主要是从事体育运动的人，体育用品最终要在运动实践过程中使用，无论是运动竞赛、运动训练，还是体育教学、体育锻炼等体育活动对体育用品都有一定的特殊要求，各运动项目竞赛规则对体育用品的性能、规格、安全性、可靠性等也都有明文规定，尤其是竞技比赛用的体育用品，有其特殊的标准和严格的规定，必须达到一定的等级和相应的技术参数的要求才允许被使用。随着运动项目的发展和规则的修改，其他行业难以把握其变化趋势，不能及时应对这种变化。在我国现行的管理体制下，体育用品市场监管、产品审定一般又归属体育部门。《国务院关于印发国家体育运动委员会职能配置、内设机构和人员编制方案的通知》中明文规定，国家体育总局研究制定体育经济和经营活动的政策、法规，归口管理体育市场。国家体育总局所属的“国家体育总局体育器材装备中心”“中国体育用品业联合会”“北京国家质量监督检验中心”“体育器材设备审定委员会”“北京国体世纪质量认证中心有限公司”等与体育用品标准化有关的机构都具有业务指导职能。国家体育总局所属和管辖的各单项运动协会对运动员训练和竞赛用的体育用品都需要进行检测和审定，合格后才能正式用于比赛。体育运动管理部门和各专项运动协会制定的各项规章制度以及修订的各运动项目竞赛规则，如“乒乓球的直径大小、颜色改动”“健身路径”“软式排球”等，直接影响到体育用品标准的制定，体育用品的生产、销售。原国家体委于1989年颁布实施了《体育器材设备审定办法》，继1995年成立“国家体委体育器材设备审定委员会质量检测中心”之后，经国家技术监督局正式授权成立“国家体育用品质量监督检验中心”及其各地分中心，负责全国体育用品质量监督管理工作。同时，根据我国的实际情况，国家轻工业局文体用品质量监督检测中心作为专业质量监督管理机构，负责轻工行业领域的文体用品的质量监督管理工作。

从总体上看，体育用品标准化组织机构涉及的行业和领域广、管理部门多、机构类型多，工作程序和协调环节多；加之体育用品分类方法和统计口径不统一，又归属不同的部门和行业管理，体育用品的产品管理、行业管理、市场管理等主体职责和权限不明确，整个体育用品行业各方面的关系还没有理顺。这些都造成体育用品标准化工作的业务范围和边界不清晰，体育用品标准管理体制不健全，运行机制不顺畅，导致体育用品标准的管理不规范，存在着争归口、多头管理、多归口等现象；缺乏必要的管理协调机制，导致各部门行业间沟通困难，条块分割，使得国家标准与行业标准之间、行业标准相互之间存在着交叉和重复现象。如：休闲鞋归轻工部门管理，普通运动鞋、乒乓球运动鞋归化工部门管理，体操鞋、武术运动鞋归纺织部门管理。又如：国家标准GB/T 19851.8—2005《中小学体育器材和场地 第8部分：乒乓球》归口单位是全国体育用品标准化技术委员会；国家标准GB/T 20045—200 540mm《乒乓球》归口单位是中国轻工业联合会；国家标准GB/T 19851.17—2007《中小学体育器材和场地 第17部分：跳高架》归口单位是教育部；GB/T 23122—2008《跳高架》归口单位是中国轻工业联合会。此种现象必然影响体育用品标准的制定和实施，影响我国体育用品标准化体系的建设。

6.5 体育用品标准化的监督机构

6.5.1 国家体育用品质量监督检验中心

1991年国家体育用品质量监督检验中心由原国家技术监督局批准成立，是经国家体育总局认可的国家级体育用品质量监督检验权威性机构。该中心主要负责：承担体育用品强制性检验、定期检验、监督抽查检验；新产品鉴定检验、产品认证、质量仲裁检验、质量检查、委托检验；承担体育用品有关标准的制定、修订技术工作；开展体育用品检验技术、检验方法的研究；开展检验人员培训等。该中心多次承担国际、国内重要赛事的场地、场馆检验任务。1995年通过国家技术监督局审查认可，授权正式承担全国体育用品检验任务，拥有室外健身器材冲击试验机、室外健身器材疲劳试验机、多功能人造运动员等400余台（套）的国际先进检验设备和国内一流的检测环境。2001年6月经中国实验室国家认可委员会审查认可，通过了运动竞赛器材、室内外健身器材、户外运动及休闲用品、木地板场地、塑胶跑道、人造草坪及场地、场馆灯光设备、运动服、运动鞋帽、运动箱包、体育仪表仪器等184项产品、参数的检验能力。国家体育用品质量监督检验中心是国内规模最大、影响力最大，检验能力、第三方公证地位获得国际认可的法定专职体育用品质量检验检测机构。

国家体育用品质量监督检验中心起草的国家标准有GB/T 20394—2019《体育用人造草》、GB 24429—2009《运动头盔 自行车、滑板、轮滑运动头盔的安全要求和试验方法》、GB/T 28237—2011《竞技体操赛台安装验收规范》等。

此外，国家体育用品质量监督检验中心还设有国家体育用品质量监督检验中心（广东）、国家体育用品质量监督检验中心（山东）、国家体育用品质量监督检验中心（深圳）、国家体育用品质量监督检验中心（天津）、国家体育用品质量监督检验中心（河南）等机构。

国家体育用品质量监督检验中心（广东）是国家质检总局正式发文批准筹建的国家体育用品质量监督检验地方分中心。中心专注运动服、运动器材、运动鞋以及个人防护用品、运动食品及饮料等体育用品检测服务领域。中心下设体育器材检测实验室、体育场馆检测实验室、运动鞋及个人运动防护用品检测实验室、运动服装检测实验室、运动食品及饮料检测实验室共5个检测实验室、1个科研中心和1个业务拓展工作室。

国家体育用品质量监督检验中心（山东）是山东省质量技术监督局根据全省区域经济特色和体育产业发展需要建设的国家级质检中心，2019年8月20日，经国家市场监督管理总局批准正式成立。中心在山东省产品质量检验研究院的基础上建立，基本覆盖了体育用品产业涉及的各个行业，搭建起一个集质量检验、标准创新、科技研发、国际互认和技术培训五大服务功能于一体的专业化、公共型检测技术服务平台。该中心拥有210余台（套）、价值2000余万元的先进技术装备。检测能力覆盖全民健身用室内外健身器材、竞技比赛和训练用器材、运动服装和运动防护、运动食品及饮料四大领域。服务范围包含体育建设工程、场馆设施、环境评价、工程设施、消防安全、运动器械材料的机械性能、化学与生物安全性能等多个方面。

6.5.2 北京国体世纪质量认证中心有限公司

北京国体世纪质量认证中心有限公司（简称“国体认证”、NSCC）是由国家体育总局同意组建，经国家认证认可监督管理委员会批准成立的具有独立法人地位的第三方认证机构。国体认证自2002年成立以来，在开展体育用品认证工作，提升我国体育产品质量、体育产品企业管理水平及市场竞争力等方面发挥了重要作用。国体认证由中体产业集团股份有限公司、国家体育总局体育科学研究所、河北省产品质量监督检验研究院共同出资设立，由中体产业集团股份有限公司控股。国体认证业务涉及范围广、类别全，服务范围覆盖全国。拥有经验丰富的专家和专业技术人才，能够整合技术资源，以科学严谨、灵活求实的作风，服务行业发展。业务板块围绕群众体育、竞技体育、文化娱乐、休闲旅游等领域开展产品认证、服务认证和技术服务。业务范围涉及室外健身器材、室内健身器材、智能健身器材、智能穿戴产品、运动鞋、运动服装、国民体质测试器材、体操器材、田径器材、乒羽器材、球类器材、水上运动器材、冰雪运动器材、休闲器材、康复器材、攀岩器材、运动面层、装配式泳池、笼式运动器材、场地场馆设施及辅助器材等产品类认证；体育赛事、体育空间、体育培训、绿色低碳、体育旅游等服务类认证；标准编写、政策研究、培训推广、检查验收等技术服务。

北京国体世纪质量认证中心有限公司起草的国家标准有GB/T 23868—2019《体育用品的分类》、GB 17498.8—2008《固定式健身器材 第8部分：踏步机、阶梯机和登山器 附加的特殊安全要求和试验方法》、GB/T 34288—2017《拳击台技术与安装要求》等。起草的行业标准有TY/T 2001—2015《国民体质测试器材 通用要求》。

6.5.3 北京中体建科国际运动地面检测中心

北京中体建科国际运动地面检测中心（缩写CIST）是由中国篮球协会、国际体育地面科学学会（IST）、原国家林业局原木锯材产品质量监督检验站等中外4家机构联合组建，是亚洲唯一从事专业体育运动地面研究检测并具有独立法人地位的第三方检测机构。CIST依照国际业余田径联合会（IAAF）、国际篮球联合会（FIBA）等国际专业协会的行业标准，以及美国、欧盟等国家相关的行业标准，依托国际体育地面科学学会（IST）的专业技术优势而组建。CIST依据《中华人民共和国标准化法》等国家有关法律法规，以及国际通行的检测准则，对运动场馆地面进行技术检测；提供场馆地面技术服务，进行场馆地面科学研究和技术开发。

6.5.4 国家运动健身产品质量检验检测中心（天津）

国家运动健身产品质量检验检测中心（天津）是由原国家质检总局于2015年12月授权的首家国家级的运动健身产品质检中心，专注于室内外健身器材及装备、竞赛项目用品、运动护具及服饰等检测服务，是国家级体育健身产品权威检验检测机构。中心实验室面积达7000平方米，共有设备558台（套），价值3000余万元。承检的产品范围主要有室内外健身器材及装备、体育用品及场馆设施、康复训练及保健器械、老年护理及健康训练用品、电器用品、电池及新能源产品及有毒有害物质分析等。检测中心设有体育用品、运动健身产品、自行车及特种功能车、康复训练及辅具、电池电器及新能源产品等检测实验室，以及先进的理化分析检测实验室，可按国家标准、行业标准、ISO、IEC、EN、CPSC/ASTM、DIN等标准对300余种体育用品进行检验检测，为运动健身产品服务业、政府的全民健身项目提供检测、咨询、培训、标准、研发等全方位的服务，为运动健身产品企业的发展、体育运动的普及和全民健身事业的发展提供技术支持和服务。

6.5.5 国家康复辅具质量监督检验中心

国家康复辅具质量监督检验中心成立于1993年，由民政部批准组建，是经中国合格评定国家认可委员会、国家认证认可监督管理委员会审查认可，并授权承担康复辅具质量监督检验的国家级质量监督检验机构。中心拥有面积3100多平方米，配有国际先进的检测仪器设备数百台，具有康复训练设备、助行器、代步车、个人移动辅具、矫形器、手动轮椅车、电动轮椅车、医用电气设备及其他康复辅具产品的检验能力，为政府部门、生产企业及消费者提供了可靠、准确、及时、公正的检测数据和检验报告，为企业提高产品质量、开拓国内外市场起到了良好的监督与指导作用。中心每年承担原国家质检总局下达的产品质量抽查检验、医疗器械注册检验和生产企业及科研单位委托的检验任务。

国家康复辅具质量监督检验中心起草的国家标准计划有20192280—T—314《轮椅乒乓球竞技比赛轮椅车》、20162598—T—314《康复辅助器具 一般要求和测试方法》、20132802—T—314《康复训练器械 主动训练脚踏车》等体育用品国家标准计划等。起草的国家标准有GB/Z 41045—2021《康复训练器械 主动训练脚踏车》、GB 24436-2009《康复训练器械 安全通用要求》、GB/T 28919—2012《康复训练器械 站立架》、GB/T 26340—2010《可调式康复训练床》、GB/T 26346—2010《康复训练器械 股四头肌训练椅》等。

6.5.6 国家体育场馆及健身器材质检中心

国家体育场馆及健身器材质检中心是在浙江省体育用品质量检验中心基础上组建的。中心依托于浙江省轻工业品质量检验研究院，是浙江省专业从事体育用品质量检测的权威技术机构，为质量监管部门提供技术支撑和保障，为企业提供技术和管理服务。中心现有实验室面积6000余平方米，拥有国内外先进检测仪器设备300余台（套），设备资产总值3800余万元，掌握了国内外先进试验方法，检测能力达国内先进水平。检测能力涵盖合成材料跑道面层、轮滑鞋、运动头盔等运动器材100多个项目，并与美国UL国际先进实验室实现检测结果互认。中心将为体育用品提供原材料验收、零配件检验到成品试验等一整套全面的检测服务平台，覆盖行业质量控制的各方面需求，如：塑胶跑道、头盔、轮滑鞋、救生设备、球拍类、球类、室内健身器材、室外健身器材、钓鱼竿、扑克牌，为政府部门及时掌握羽毛球拍、网球拍、跑步机等健身器材产品质量状况，做好质量监管提供有力的技术支撑。

此外，各省市也相继建立了一些有关体育用品监督检验机构，如：

湖北省运动服饰产品质量监督检验中心是具有省内乃至国内先进水平，具备国家、行业和地方标准的检测能力，具备完善质量管理体系的运动服饰产品质量监督检验机构。中心设有运动服装实验室、运动鞋帽实验室、纤维纺织品实验室、体育辅助用品实验室等，可以满足运动服、运动鞋、运动服饰等132个产品129项参数的检验检测。

江苏省户外运动用品及场所设施质量监督检验中心是依托南京市产品质量监督检验院，专门检验检测纺织品、日用消费品、户外运动用品、体育户外场所设施等多品类产品质量的第三方公正检验检测专业性和权威性机构。检验能力覆盖户外运动服装、帐篷、睡袋、头盔、轮滑鞋、羽毛球拍等户外运动用品，各类护具，室外健身器材，中小学体育器材等500余种产品700多项参数的检验检测。通过了产品质量监督检验机构计量认证、国际实验室互认和国家实验室的认可。

6.6 体育用品标准制定与管理

我国体育用品标准分为国家标准、行业标准、地方标准、团体标准、企业标准五个层级，标准的制定与管理有着一整套管理规范和制度。进一步做好体育用品标准化工作，规范各层级标准的制定程序和管理制度，保证标准技术内容具有先进性、适用性、协调性和合理性，制定的标准符合体育用品产业高质量发展需求，有效规范体育用品市场秩序，符合国家采用国际标准或国外先进标准的政策，对提高我国体育用品业经济效益和社会效益有推动作用。依据《中华人民共和国标准化法》和《中华人民共和国标准化法实施条例》以及《国家标准制定程序的阶段划分及代码》（GB/T 16733—1997），体育用品标准管理部门制定了一系列的规范性文件，如：《国家标准管理办法》《行业标准管理办法》《工业和信息化部行业标准制定管理暂行办法》《工业和信息化部标准制修订工作补充规定》《消费品工业行业标准制定管理实施细则（暂行）》《体育标准化管理办法》《体育标准制修订工作实施细则》《体育用品标准编写要求》《中国文教体育用品行业团体标准管理办法》《中国体育用品业联合会团体标准制修订工作程序》等，规定了提案、立项、起草、审查、报批、发布、复审、修订、修改、废止等体育用品标准制定过程中的主要程序和要求。

6.6.1 体育用品国家标准制定与管理

国家标准化管理委员会负责制定国家标准化发展战略和规划，并对体育用品国家标准实行统一计划、统一审查、统一编号、统一批准发布。依照《国家标准制定程序的阶段划分及代码》（GB/T 16733—1997）程序规定，体育用品国家标准的制定一般分为计划立项、起草和征求意见、审查、批准发布、出版发行、复审废止、快速程序等环节。我国体育用品国家标准制定修订程序与ISO、IEC国际标准制定程序基本一致。

（1）计划立项

国家标准化管理委员会统一管理国家标准制定工作，提出年度国家标准计划项目的原则和要求。在此基础上，国务院各有关部门、行业协会、集团公司和直属标准化技术委员会在各自负责的标准化范围内提出体育用品国家标准计划项目的原则和要求，转发给所属的全国专业标准化技术委员会，或者是专业标准化技术归口单位，根据计划项目原则和要求，相应技术委员会或归口单位拟定体育用品国家标准计划项目建议，报主管部门审查后上报国家标准化管理委员会，经其汇总、审查、协调和批准，下达年度体育用品国家标准计划项目。

（2）起草和征求意见

根据国家标准化管理委员会下达的体育用品国家标准计划项目，有关体育用品标准化技术委员会组织实施。

负责起草单位全面负责国家标准的质量及其技术内容。国家标准征求意见稿和编制说明及有关附件，经过负责起草单位的技术负责人审查后，印发给各有关部门和体育用品主要生产企业、经销商、使用单位、科研和检验机构，以及大专院校等征求意见。标准在征求意见时应明确期限。

负责起草单位应对征集的意见进行归纳整理、分析研究，形成处理意见并进行修改完善，提出体育用品国家标准送审稿、编制说明及附件、意见汇总处理表，提交负责该项目的技术委员会秘书处或者技术归口单位审阅，并确定能否提交标准送审稿审查。

（3）审查

体育用品国家标准送审稿的审查，由技术委员会按照《全国专业标准化技术委员会章程》程序规定进行。尚未成立技术委员会的，应由标准项目主管部门或委托的技术归口单位组织进行。审查可采用会议审查或函件审查，重点审查标准技术要求的科学性、规范性、适用性、合理性。对涉及技术和经济意义重大，牵涉面广且分歧意见较多的标准送审稿应当采用会议形式进行审查。负责起草单位应根据审查意见提出体育用品国家标准的报批稿。报批稿由国务院标准化行政主管部门领导与管理的技术委员会或国务院有关行政主管部门，报请国家标准审批部门审批。

（4）批准发布

体育用品国家标准由国务院标准化行政主管部门进行统一审批、编号、发布。国家标准原由国家质量监督检验检疫总局批准发布，现在改为由国家质量监督检验检疫总局和国家标准化管理委员会联合发布。推荐性国家标准的代号为“GB/T”，强制性国家标准的代号为“GB”。国家标准的编号由国家标准的代号、国家标准发布的顺序号，以及国家标准发布的年份代号组成。示例：GB 19272—2011《室外健身器材的安全 通用要求》，GB/T 19707—2005《冰刀鞋》。19272、19707 为标准发布顺序代号，2011、

2005为标准批准年号。

（5）出版发行

体育用品国家标准由中国标准出版社出版发行。

（6）复审废止

体育用品国家标准实施后，应根据科学技术和社会经济发展的需要，由该国家标准的主管部门组织有关单位进行一般为期5年的复审。体育用品国家标准的复审可采用会议审查或函审的方式，一般应有参加过该国家标准审查工作的单位或人员参加。

经复审不需要修改的体育用品国家标准确认继续有效，确认有效的国家标准，顺序号和年号不变。当国家标准重版时，在标准封面国家标准编号下面注明“××××年确认有效”字样。需作修改的体育用品国家标准作为修订项目，列入标准计划。修订的国家标准顺序号不变，将标准年号改为修订的年号。经复审确定过时无必要存在的国家标准应予以废止。

（7）快速程序

为满足市场经济的需要，缩短标准制定周期，原国家技术监督局制定了《采用快速程序制定国家标准的管理规定》，快速程序是在正常标准制定程序的基础上简化了起草阶段或征求意见阶段的程序。

依照我国标准化工作实行统一管理与分工负责相结合的管理体制，中国轻工业联合会主要负责各类球及器材、体操器材、田径器材、举重器材、水上（冰雪）运动器材、健身器材、射箭器材、击剑器材、武术器材、野营登山器材（不包括皮制球和橡胶类运动器材）等国家标准制定与修订工作；中国纺织工业联合会主要负责各类运动服装、防护用品及运动器材用纺织面料等国家标准制定与修订工作；全国体育用品标准化技术委员会主要负责体育用品的基础管理、通用国家标准制定与修订工作。体育用品国家标准项目的建议经国家标准化管理委员会汇总、审查和协调，一般每年集中下达1到2次国家标准计划。

6.6.2 体育用品行业标准制定与管理

体育用品的生产涉及轻工、纺织、化工、兵工民品等行业部门，体育用品行业标准有关行政主管部门主要有工业和信息化部、国家体育总局、教育部、民政部等，这些部门主持制定和审批发布体育用品行业标准，并报请国家标准化管理委员会备案。体育用品行业标准的制定一般包括计划立项、起草、审查、批准发布、出版发行、复审、备案等环节。

（1）计划立项

体育用品行业标准计划立项，主要由中国轻工业联合会、中国体育用品业联合会、中国纺织工业联合会以及全国体育用品标准化技术委员会、体育用品技术委员会运动服装分技术委员会、全国文具运动器材标准化技术委员会等技术委员会或标准化技术归口单位提出行业标准计划建议，经行业标准归口部门与有关体育用品行政主管部门进行协调、分工后，由各有关行政主管部门审查批准后下达立项计划。

（2）起草

按行业标准计划立项的安排，体育用品有关标准技术归口单位组织起草，并吸收行业协会、科研机构和社会团体等参加标准起草工作，负责提出体育用品行业标准征求意见稿，经征求各有关方面意见后修改形成标准送审稿。

（3）审查

行业标准送审稿，由体育用品标准化技术委员会或由行业标准归口部门委托的专业标准化技术归口单位组织审查。行业标准送审时，一并附上标准送审稿、标准编制说明、意见汇总处理表及其他相关附件。标准化技术归口单位应组织有代表性的生产企业、商家用户、科研与检验机构、大专院校等方面的专家对行业标准进行审查，须有全体代表的3/4以上人员同意方为通过。

（4）批准发布

体育用品行业标准由行业标准归口部门审批，统一编号发布。标准报批时，一并提交标准报批稿、标准编制说明、标准审查会议纪要或函审结论、函审单、意见汇总处理表和其他相关附件。如采用国际标准或国外先进标准，应附上原文或译文。体育用品行业标准一般由工业和信息化部、国家体育总局、教育部、民政部等批准和公布。由直管行业标准化机构按规定期限到国家标准化管理委员会备案。

行业标准的编号由行业标准代号、标准顺序号及年份代号组成。示例：QB/T 1844—1993《健身器械 弹簧拉力器》、TY/T 3901—2019《滑雪模拟机通用安全要求和试验方法》，“QB/T”“TY/T”为推荐性行业标准代号，“QB”为轻工行业代码，“TY”为体育行业代码，1844、3901为标准发布顺序代号，1993、2019为标准批准年份代号。

（5）出版发行

体育用品行业标准由国务院有关行政主管部门根据出版管理的有关规定确定相关的出版单位出版发行。

（6）复审

体育用品行业标准实施后，随着科技的进步和经济社会发展，需要适时进行复审。复审周期通常为5年，根据复审结果确定其继续有效、修订或废止。体育用品行业标准的复审工作由行业标准归口部门组织全国专业标准化技术委员会或专业标准化技术归口单位负责。标准复审后，应提出复审报告，报送行业标准归口部门审批。

（7）备案

体育用品行业标准归口部门应在标准发布后30日内，将已发布的体育用品行业标准及编制说明连同发布文件各一份，报送国务院标准化行政主管部门进行备案。

6.6.3 体育用品地方标准制定与管理

国务院标准化行政主管部门统一指导、协调、监督全国地方标准的制定及相关管理工作。地方标准化行政主管部门依法承担地方标准管理工作，制定体育用品地方标准。体育用品地方标准的制定一般包括计划立项、起草审查、批准发布备案、复审等环节。

（1）计划立项

相关体育用品行业的社会团体、厂商、机关事业单位和公民，均可向设区的市级以上地方标准化行政主管部门，或者有关行政主管部门提出地方标准立项建议。地方有关行政主管部门根据收集到的立项建议和本行政区域的特殊需要进行调查、论证和评估，对标准立项申请是否符合地方标准的制定事项范围进行审核，根据调查结果、论证评估及审核意见，制定地方标准立项计划，向同级标准化行政主管部门提出地方标准立项申请。

（2）起草审查

省级标准化行政主管部门组织相关体育用品标准化技术委员会或者专家组，承担地方标准的起草、技术审查工作，并对体育用品地方标准相关事项进行调查分析、实验、论证，征求有关行政主管部门以及企业事业单位、社会团体、消费者、高等院校和科研机构等方面意见。根据各方意见对地方标准进行修改和完善后，将标准送审稿与编制说明、有关行政主管部门意见、征求意见采纳情况等材料一并报送标准化行政主管部门技术审查，主要审查：是否符合地方标准的制定事项范围；技术要求是否不低于强制性国家标准的相关技术要求，以及与有关标准协调配套情况等。

（3）批准发布备案

地方标准化行政主管部门应当对体育用品地方标准报批稿及相关材料进行审核，对报送材料齐全、制定程序规范的地方标准予以批准、编号，并由地方标准化行政主管部门发布。在地方标准化行政主管部门官方门户网站或标准信息公共服务平台上，公布其制定的体育用品地方标准的目录及文本。省级标准化行政主管部门同时向国务院标准化行政主管部门备案。

地方标准的编号，由地方标准代号、顺序号和年代号三部分组成。省级地方标准代号，由汉语拼音字母“DB”加上其行政区划代码前两位数字组成。市级地方标准代号，由汉语拼音字母“DB”加上其行政区划代码前四位数字组成。示例：DB44/T 2068—2017《户外运动眼镜》，“DB”

为地方标准，44为广东省，2068为标准发布顺序代号，2017为年份代号。

（4）复审

地方标准化行政主管部门和有关行政主管部门应对体育用品地方标准的实施进行监督检查，建立地方标准实施意见反馈机制和标准实施评估机制，并根据反馈和评估情况，对其制定的地方标准实施为期5年的复审，并依据复审意见作出标准继续有效、修订或者废止的结论。

6.6.4 体育用品团体标准制定与管理

体育用品团体标准是依法成立的社会团体为满足市场和创新需要，协调相关市场主体共同制定的标准。制定过程应当遵守标准化工作的基本原理、方法和程序。体育用品团体标准制定的一般程序包括提案立项、标准起草、征求意见、标准审查、批准发布、标准复审等环节。

（1）提案立项

各有关体育用品行业组织的专业委员会、分技术委员会以及会员，包括生产企业、科研机构、质量检测单位等，均可根据行业和市场需求，提出体育用品团体标准项目提案。体育用品行业组织或相关标准化技术委员会秘书处可根据行业发展和标准化建设的需要提出标准立项提案。秘书处负责提案的收集、整理、汇总工作，并提交相关委员会专家组审议通过，并报请秘书处领导审查批准，方可立项，并在官方网站发布。

（2）标准起草

牵头起草单位应根据实际情况，组建体育用品团体标准项目工作组，拟定制定标准的方案，协调分工，开展起草工作，完成体育用品标准的编制任务。

（3）征求意见

牵头起草单位提交体育用品标准征求意见稿和编制说明后，还应向有关单位、技术专家和相关专业委员会征求意见。起草组对所有标准征得的意见进行归纳分析，吸取其合理意见进行修改，形成标准送审稿，会同编制说明、征求意见汇总表等材料一并提交标准审查组。

(4) 标准审查

标准审查组由专家委员会成员和相关专业技术人员组成。评审可通过会议审查或函审的方式进行。对技术经济意义重大、涉及面广、分歧意见较多的体育用品标准送审稿，应采用会审形式。审查通过的标准送审稿，根据审查意见进行修改，形成标准报批稿和编制说明等材料报送专家委员会进行审查。

(5) 批准发布

标准报批稿由专家委员会相关专家审核无异议后，报协会批准，统一标准编号，并在协会官方网站和全国团体标准信息平台上正式发布，也可委托正式出版机构出版发行。

团体标准编号由团体标准代号（T）、社会团体代号、发布顺序号和发布年份代号组成。示例：T/CSGF 006—2020《智能固定式健身器材技术规范》，T/CSSGA 1003.1—2017《搏击类运动护具 第1部分：通用要求与试验方法》，“CSGF”为中国体育用品业联合会，“CSSGA”为中国文教体育用品协会，006、1003.1为标准发布顺序代号，2020、2017为年份代号。

(6) 标准复审

标准实施之后，应根据行业发展和市场需求，由专家委员会进行复审，复审周期一般不超过3年。复审结果不需要修改的标准确认为“继续有效”；需要修改的标准，则作为修订项目列入标准计划，按照相关规定处理；已无存在必要的标准，予以废止。

6.6.5 体育用品企业标准制定与管理

企业标准由企业自主制定，由企业法人代表或者法人代表授权企业主管领导批准和发布，并由企业法人代表授权的部门统一管理。标准化行政主管部门、有关行政主管部门按照职责分工，加强对企业标准化工作的指导和监督。通常在没有国家标准、行业标准和地方标准的情况下，企业可制定自己的产品标准。体育用品企业标准的制定程序一般是编制计划、调查研究、标准起草、征求意见、标准审查、批准发布、标准复审、标准备案、标准实施等环节。

（1）编制计划

企业各部门提出分工范围内的标准化规划和年度计划建议，由企业负责标准化部门组织汇编当年的标准化计划和3年的标准化规划，经法人代表或企业主管领导批准后组织实施。

（2）调查研究

组织人员对标准化对象的国内外以及本公司的现状和发展方向，有关的最新科技成果，顾客的需求和期望，生产过程及市场反馈的技术数据、统计资料，国际标准、国外先进标准、技术法规和国内相关标准等进行资料收集、调查研究。

（3）标准起草

由生产部门或技术部门组织编制，对收集到的资料进行整理、分析、对比、优选，必要时进行实验验证，然后起草标准草案或征求意见稿和编制说明。

（4）征求意见

将标准草案或征求意见稿连同标准编制说明以及必要的验证报告，发至企业内有关部门，必要时也可发给外协单位和用户征求意见，对收到的意见进行分析研究，决定取舍后形成标准送审稿。

（5）标准审查

组织对标准送审稿会议审查或函审。根据需要，可邀请企业外有关人员参加。审查通过后，根据审查意见编写标准报批稿和报批时需呈交的其他文件资料如审查会议纪要、意见汇总处理表等。

（6）批准发布

企业标准由企业法人代表或法人代表授权的主管领导批准、发布，由企业行政部门编号并公布。体育用品企业标准的代号、编号方法和企业代号可用汉语拼音字母或阿拉伯数字或两者兼用组成。中央所属企业和地方企业的企业代号分别由国务院有关行政主管部门和省、自治区、直辖市政府标准化行政主管部门会同同级有关行政主管部门规定。示例：Q/ATZG

143—2021《运动服饰》，“Q”为企业标准代号，“ATZG”为安踏（中国）有限公司的企业代号，143为标准发布顺序代号，2021为年份代号。

（7）标准复审

企业标准应定期复审，复审周期一般不超过3年。当有相应国家标准、行业标准和地方标准发布实施后，应及时复审，并确定其继续有效、修订或废止。

（8）标准备案

一般按企业的隶属关系报当地政府标准化行政主管部门和有关行政主管部门备案。国务院有关行政主管部门所属企业的体育用品企业标准，报国务院有关行政主管部门和企业所在省、自治区、直辖市标准化行政主管部门备案。由国务院有关行政主管部门和省、自治区、直辖市双重领导的企业，企业产品标准还要报省、自治区、直辖市有关行政主管部门备案。鼓励企业通过国家统一的企业标准信息公共服务平台进行自我声明，公开自己的体育用品企业标准。

（9）标准实施

体育用品国家强制性标准，企业必须严格执行；不符合强制性标准的体育用品，禁止出厂和销售。推荐性标准，企业一经采用，应严格执行；企业已备案的体育用品企业标准，也应严格执行。企业生产的体育用品，必须按标准组织生产，按标准进行检验。经检验符合标准的体育用品产品，由企业质量检验部门签发合格证书。

企业生产执行国家标准、行业标准、地方标准或企业标准，应当在体育用品产品或其说明书、包装物上标注所执行标准的代号、编号、名称。

7 体育用品标准化体系构建

加快体育用品标准化体系建设，构建具有系统性、协调性、适用性和面向国际的体育用品标准化体系，我们应当充分发挥标准的技术引导作用，实现体育用品标准的结构、质量、速度和效益统一发展的目标；明确体育用品标准制定与修订重点领域，开展关键技术标准研制，集中支撑重点领域的技术标准，提升标准体系和关键技术标准的适用性和有效性；制定具有自主核心的技术标准，提高我国体育用品产业自主创新能力；优化产业结构，转变我国体育用品产业经济增长的方式；完善国际标准化跟踪和推进机制，推动一批国际突破重点项目的实施，如武术用品国际标准等，提高中国标准的国际竞争力；创新标准化管理体制和运行机制，建立标准实施监督体系和标准化人才培养体系，建设全国技术标准资源服务平台，为我国体育用品产业高质量发展提供强有力的技术支撑，为建设制造强国、体育强国、健康中国服务。

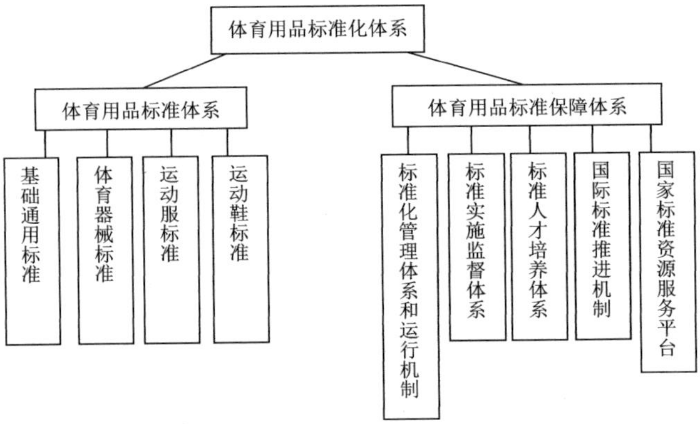

图1　国家标准化体系示意图

体育用品标准化体系是指为体育用品领域达到最佳秩序而进行的具有统一技术要求的标准制定和实施监督的活动，以一定相互联系和作用的方式，构成有序的有机整体系统，包括体育用品标准体系和体育用品标准保障体系。体育用品标准体系包括基础通用标准、体育器械标准、运动服标准、运动鞋标准；体育用品标准保障体系包括标准化管理体系和运行机制、标准实施监督体系、标准人才培养体系、国际标准推进机制和国家标准资源服务平台。（见图1）标准体系是体育用品标准化体系的主体和基础，保障体系是确保体育用品标准体系建设和有效运行、发挥效能的前提和保证。体育用品标准体系和保障体系互为依存和联系，相互作用和促进，构成完整的有机系统，优化了标准化体系的有序性，强化了标准化的整体功能和引领功能，从而充分发挥标准在实施中的规范、协调、支撑和保障作用，有力地推动我国体育用品标准化工作的健康发展。

7.1 体育用品标准体系

体育用品标准体系是体育用品在生产、流通和使用范围内的各标准以一定相互联系和作用的方式构成的有序有机整体系统。依据不同的管理目标和分类依据，体育用品标准体系可以形成不同的体系框架。体育用品标准体系依照标准的性质可分为强制性标准、推荐性标准和指导性技术文件；依照标准的类别可分为：基础通用标准、产品标准、方法标准和安全标准；依照标准所服务的行业领域可分为：体育器械标准、运动服标准和运动鞋标准；依照标准的级别可分为：国家标准、行业标准、地方标准、团体标准和企业标准，从而形成一个多类型、多维度、多层次的体育用品标准体系框架，如图2所示。

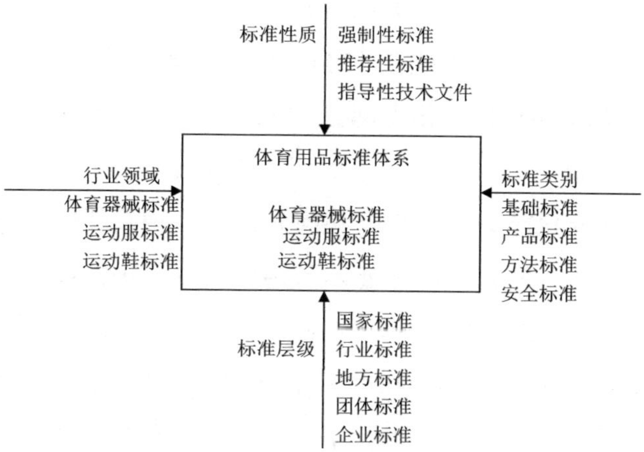

图2　体育用品多维标准体系示意图

我国体育用品制造业产品种类多，横跨多个行业领域。体育用品标准体系构建应以《国民经济行业分类》（GB/T 4754—2017）和《统计用产品分类目录》为主，结合体育和运动项目分类以及《国际标准分类法》《中国标准文献分类法》《体育用品的分类》（GB/T 23868—2019），着力完善我国体育用品标准体系结构，平衡协调标准体系的产业布局和产品布局，逐步理顺各层次、各类型标准的功能定位，有力提升各类标准间的科学性、协调性、系统性和统一性，构建覆盖整个体育用品产业部门和产品部门生产的所有体育用品的标准体系，形成结构完整、全面系统和布局合理的体育用品标准体系。体育用品标准化工作是一项跨领域、跨行业、跨部门的综合性工作，需要国家标准化管理委员会加强协调，国务院有关行政主管部门，以及具有行业管理职能的行业协会、集团公司间协同配合；需要体育用品标准化技术委员会和相关标准化技术委员会的通力合作、指导和支持，建立统一协调机制，解决体育用品标准在立项、起草、报批环节中出现的各种问题，在分析协调国家标准与行业标准关系定位的同时，使体育用品标准制定和实施监督工作形成一个整体系统。

（1）体育用品标准体系与产业部门分类和产品部门分类相一致

体育用品是为人们进行体育活动而专门设计生产的特殊用品。对《国民经济行业分类》中的体育用品来说，一个产业部门可能会生产许多不同产品部门的产品，而同一产品部门的产品也可能由不同的产业部门生产。体育用品不仅仅是体育用品制造（244）生产的体育器械，还有纺织服装、服饰业（18）的运动机织服装制造（1811）、运动休闲针织服装制造（1821）、服饰制造（1830）这些子行业的产品部门生产的各种运动着装等。体育用品标准化对象是指具有共同属性的各种具体的体育用品总和所构成的整体。因此，体育用品标准体系构建应以《国民经济行业分类》和《统计用产品分类目录》为主线，原则上不改变《国民经济行业分类》的结构层次和类型划分；以体育用品制造（244）为主体，结合体育用品相关产业部门的产品部门，如《2017年国民经济行业分类注释》中涉及的运动机织服装制造（1811）、运动休闲针织服装制造（1821）、运动场地用塑胶制造（2916）、娱乐船和运动船制造（3733）、非公路休闲车及零配件制造（3780）、康复辅具制造（3586）、可穿戴智能设备制造（3961）等44小类都有明确界定和说明相应的体育用品产品部门制造的产品，使《2017年国民经济行业分类注释》中的小类及分类注释列出行业代码和产品的制造与《统计用产品分类目录》中列出的代码和产品相一致，同时兼顾体育用品基础通用标准的跨行业、跨领域标准化通用综合性基础标准的需求，使体育用品标准体系与产业部门分类以及产品部门分类相对应，构建系统完整的体育用品标准体系。

（2）体育用品标准与体育用品生产技术进步和统一协调一致

标准是衡量产品质量高低的主要依据，高水平的标准意味着高质量的产品。高水平的标准，不仅对产品先进性能和参数做出高水平的技术要求，而且还对产品的规格、检验方法及包装、储运条件等相应地做出详细明确的规定。构建科学系统的体育用品标准体系可以有效地规范体育用品生产活动和市场行为，推动建立体育用品市场的最佳秩序，推动科技创新和技术进步，促进相关体育用品在技术上的相互协调和支撑，如：跑道塑胶层面性能技术要求标准的提高，跑步的运动技术的改进，必然促进着跑鞋鞋底技术要求标准的提高；又如：撑杆跳高的撑杆材料、性能技术要求的标准提高，撑杆跳运动技术的改进，必然促进撑杆跳垫的技术要求和安全要求的标准提高。产品质量要求越高，生产工艺和环节越复杂，客观上必须要求体育用品标准在技术上同生产活动保持高度的统一和协调一致，必须通过制定和执行科学合理的技术标准、工作标准和安全标准等，使各产业部门、产品部门，以及企业内部各生产环节有机地联系起来，以保证体育用品产业技术提升和统一协调。同时推动科技成果通过标准化手段转化为先进的生产技术，稳定产品质量和提高产品性能，保护体育运动时人体健康和人身安全，有利于运动员的各项动作技术的有效发挥，保障体育运动的顺利开展，提高运动成绩和体育运动技术水平，满足体育活动时人体运动、心理和精神活动的需要，提高体育运动的效果，增强体育活动的实效性，有利于推动体育运动的普及。

（3）体育用品标准与体育用品分类以及运动项目分类一致

体育用品是人们进行体育活动中使用的专门物品，它的设计、制造是从体育运动的实际需求出发，其结构性能符合体育运动的特点，适用于各项体育活动。不同的运动项目对体育用品有不同的要求，各个运动项目都有其专门的用品，包括运动器材、运动服、运动鞋等。如田径运动中，有跑鞋、跳鞋、投掷鞋、马拉松鞋。体育运动，尤其是竞技运动是一种非常态生活下的人体运动，人体一些动作的运动形式、运动速度、运动力度、运动强度和运动幅度等都将超出日常的人体活动范围，所以对体育用品的外观、规格、结构、理化性能等各种属性都有一些特殊的运动项目规则规定和产品技术要求。依据《体育用品的分类》中列出的78大项、143小项运动项目所需要的体育用品，以及专业化程度、技术要求程度不同的专项比赛器材、专项训练器材、学校体育器材、大众健身器材等体育用品，我们将体育运动不同领域、不同运动项目中使用的体育用品的标准化对象视

为体育用品标准化领域，以此构建多层次与多类型结构的体育用品标准体系。（见图3）

全面完整、布局合理的多层次与多类型结构的体育用品标准体系纵向分为5个层次，横向每一层次上分为若干类型。

第一层次是体育用品基础通用标准、体育器械标准、运动服标准、运动鞋标准等体育用品标准。我国体育用品制造业产品种类多，横跨多个产业领域。2018年，体育用品业实现营业收入12587.2亿元，营业利润856.0亿元，占体育产业比重分别为53.7%和67.5%。其中，运动服装和运动鞋帽制造业所占比例较高，2018年末法人单位2.2万个，从业人员160.9万人，资产总计5233.6亿元，占体育制造业比重分别为51.4%、68.1%和57.3%。可见无论从产品品种和产业规模来看，还是从原材料和生产工艺来看，体育用品大致分为体育器械、运动服、运动鞋三大类。

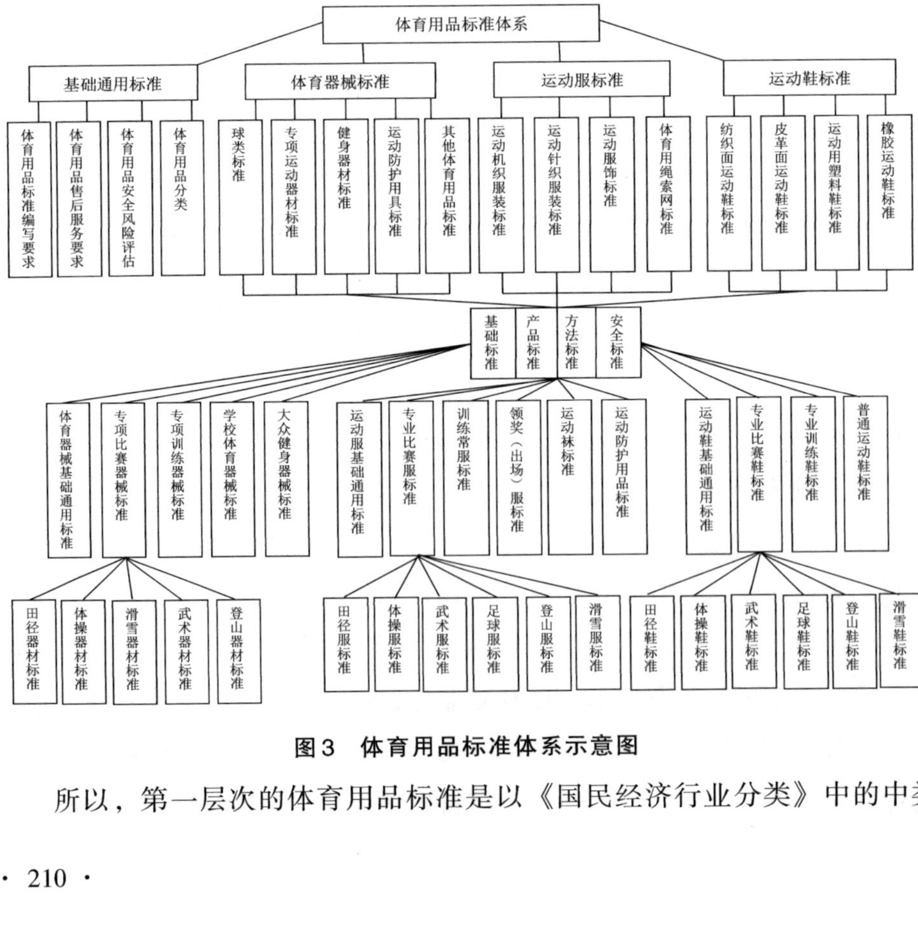

图3　体育用品标准体系示意图

所以，第一层次的体育用品标准是以《国民经济行业分类》中的中类分类为框架，横向上分为四种类型："基础通用标准"是为体育用品所有领域的基础和共性技术所制定的标准，对其他标准具有普遍指导和支撑作用。如：体育用品分类、体育用品标准编写要求等；"体育用品制造（244）"保持《国民经济行业分类》中的中类的架构基本不变，只是将"运动服标准""运动鞋标准"排除之外，将其他相关体育用品归入"其他体育用品标准"之中。"运动服标准"是将"纺织服装、服饰业（18）"大类之下"机织服装制造（181）""针织或钩针编织服装制造（182）""服饰制造（183）"3个中类里面所有有关运动服的标准归入其中，也包括"纺织业（17）"大类之下"产业用纺织制成品制造（178）"中类中的体育项目用网（兜）和运动用帆布、篷等标准。"运动鞋标准"是将"制鞋业（195）"中所有有关运动鞋的标准归入其中。

第二层次的体育用品标准是以《国民经济行业分类》中的小类为框架，在体育器械标准、运动服标准、运动鞋标准的第一层次分类基础上进行的横向上的再分类。"体育器械标准"可分为："球类标准""专项运动器材标准""健身器材标准""运动防护用具标准""其他体育用品标准"5小类，将其他相关体育用品如："娱乐船和运动船制造（3733）""运动场地用塑胶制造（2916）""康复辅具制造（3586）"等小类归入"其他体育用品标准"之中。"运动服标准"可分为："运动机织服装标准""运动针织服装标准""运动服饰标准""体育用绳索网标准"4小类。"绳、索、缆标准（包括体育项目用绳网兜）"，以及"篷、帆布标准（包括运动用帆布、蓬；户外露营的野营帐篷）"等小类归入"体育用绳索网标准"小类之中。"运动鞋标准"可分为："纺织面运动鞋标准""皮革面运动鞋标准""运动用塑料鞋标准""橡胶运动鞋标准"。

第三层次的体育用品标准是在体育器械标准、运动服标准、运动鞋标准的第一、二层次分类基础上根据需要进行的横向上的再细分类。如依据标准的类别可分为：基础标准、产品标准、方法标准、安全标准4类。相对标准所服务的体育器械行业领域来说，基础标准是为体育器材行业领域的基础和共性技术所制定的，或者是对其他标准具有普遍指导作用的标准。

如：GB/T 23162—2008《运动器材标准编写要求》、GB/T 5296.7—2008《消费品使用说明 第7部分：体育器材》等。相对标准所服务的运动服行业领域来说，基础通用标准有GB/T 29869—2013《针织专业运动服装通用技术要求》等。相对标准所服务的运动鞋行业领域来说，基础通用标准有GB/T 24129—2009《胶鞋、运动鞋外底不留痕试验方法》等。（见表26、27、28）

表26 体育器械标准体系框架

体系框架	范围及定义	举例
体育器械基础通用标准	体育器材行业通用标准和方法标准，主要包括通用技术要求，体育器材特有方法标准	GB/T 23162—2008运动器材标准编写要求、GB/T 5296.7—2008消费品使用说明 第7部分：体育器材
专项比赛器械标准	适用于专业比赛竞技时所使用的器材标准	GB/T 22754-2008网球、GB/T 22765—2008标枪
专项训练器械标准	适用于日常、训练时所使用的器材标准	GB/T 26346—2010康复训练器械 股四头肌训练椅、GB/T 26340—2010可调式康复训练床
学校体育器械标准	适用于学校体育活动所使用的器材标准	GB/T 19851.20—2007中小学体育器材和场地 第20部分：跳绳、GB/T 19851.18—2007中小学体育器材和场地 第18部分：实心球
大众健身器械标准	适用于大众健身活动所使用的器材标准	GB/T 34314—2017龙狮器材使用要求、GB 17498.8—2008固定式健身器材 第8部分：踏步机、阶梯机和登山器 附加的特殊安全要求和试验方法

表27 运动服标准体系框架

体系框架	范围及定义	举例
运动服基础通用标准	运动服装行业通用标准和方法标准，主要包括通用技术要求，运动服装特有方法标准	GB/T 29869—2013针织专业运动服装通用技术要求、GB/T 29868—2020运动防护用品 针织类基本技术要求
专业比赛服标准	适用于专业比赛竞技时所穿着的服装的标准	GB/T 41176—2021专业运动服装 滑雪服、FZ/T 74003—2014击剑服

续 表

体系框架	范围及定义	举例
训练常服标准	适用于日常、训练时所穿着的服装的标准	FZ/T 74005—2016针织瑜伽服
领奖（出场）服标准	适用于领奖时所穿着的服装的标准	SN/T 3982.9—2015进出口纺织品质量符合性评价方法 梭织服装 第9部分：户外运动服装
运动袜标准	适用于各类运动时所穿着的袜子的标准	FZ/T 73037—2019针织运动袜
运动防护用品标准	适用于运动时所佩戴的防护用具的标准	FZ/T 74001纺织品 针织运动护具

表28 运动鞋标准体系框架

体系框架	范围及定义	举例
运动鞋基础通用标准	运动鞋行业通用标准和方法标准，主要包括通用技术要求、运动鞋特有方法标准	HG/T 5523—2019胶鞋、运动鞋抓地性能试验方法、GB/T 24129—2009胶鞋、运动鞋外底不留痕试验方法
专业比赛鞋标准	适用于专业比赛竞技时所穿着的运动鞋标准	GB 21536—2008田径运动鞋、HG/T 4906—2016羽毛球鞋
专业训练鞋标准	适用于日常、训练时所穿着的运动鞋标准	GB/T 24152—2018篮排球专业运动鞋、HG/T 4992—2016慢跑胶鞋
普通运动鞋标准	适用于领奖时所穿着的运动鞋标准	HG/T 2017—2011普通运动鞋、HG/T 4992—2016慢跑胶鞋

第四层次的体育用品标准是在体育用品专业化程度、技术要求程度，以及体育用品用途和功能方面进行的分类。体育器械标准依据体育用品专业化程度、技术要求程度可分为：专项比赛器械标准、专项训练器械标准、学校体育器械标准和大众健身器械标准，以及体育器械基础通用标准。专项比赛器材一般有严格的产品标准和技术要求，专项训练器材相对于专项比赛器材来说数量品种多，但产品标准的技术要求相对较低，专项

比赛器材和专项训练器材是竞技体育必备的体育用品，专业化程度、技术要求程度很高。学校体育器材主要在学校体育范围内使用，对其产品质量和安全性都有一定的规定，要求符合体育用品标准。近年来教育部加强了教育标准化建设，颁布了《教育部关于完善教育标准化工作的指导意见》，加快完善包括学校体育用品在内的教育装备配备标准和质量标准体系建设，制定了多项学校体育用品标准。学校体育用品的专业化程度、技术要求程度得以提高。大众健身器械数量多、品种多，使用面广，其专业化程度、技术要求程度相对较低。运动服标准，根据体育用品用途和功能可分为：专业比赛服标准、训练常服标准、领奖（出场）服标准、运动袜标准和运动防护用品标准，以及运动服基础通用标准。运动鞋标准依据体育用品专业化程度、技术要求程度可分为：专业比赛鞋标准、专业训练鞋标准、普通运动鞋标准，以及运动鞋基础通用标准。当然在第四层次以其分类依据不同，还有其他的分类。如运动鞋依据生产工艺不同可分为：硫化工艺运动鞋标准、模压工艺运动鞋标准、注射工艺运动鞋标准、胶粘工艺运动鞋标准；运动服依据生产工艺不同可分为：机织运动服标准、针织运动服标准。

第五层次的体育用品标准是以体育运动项目特点和对其用品的特殊要求进行的分类。专项比赛器械标准依据体育运动项目可分为田径器材标准、体操器材标准、滑雪器材标准、武术器材标准、登山器材标准等；专业比赛服标准可分为田径服标准、体操服标准、武术服标准、足球服标准、登山服标准、滑雪服标准等；专业比赛鞋标准可分为田径鞋标准、体操鞋标准、武术鞋标准、足球鞋标准、登山鞋标准、滑雪鞋标准等。

7.2 体育用品重点领域建设及关键技术标准研制

我国是体育用品制造业大国，但不是制造业强国。体育用品标准化建设应根据市场化原则、国际化原则、时代化原则，加强重点领域关键技术标准研制，开展标准的应用和推广的调研工作，并跟踪、研究国际标准化的发展趋势和工作动态，组织开展国内和国外的专业标准化交流活动，加大科研投入，组织力量联合攻关，力争在重点领域形成创新成果和关键技术突破，推动科研成果转化为体育用品关键技术标准，提高标准的科技含量和技术水平，促进体育用品产业结构的调整和国际竞争能力的提升，尤其是国家重点产业调整和产业发展规划中相关标准以及质量安全标准的研制，如冰雪装备标准研制。冰雪装备是冰雪产业的重要组成部分，为此，国家重点支持“冬季项目碳纤维复合材料高性能器材关键技术”“冬季运动与训练比赛高性能服装研发关键技术”等项目，研制安全性高、功能性强的冰刀、滑雪防护头盔、滑雪板、滑雪服等冰雪运动器材和服装，丰富细化品种，带动新材料创新应用，提升冰雪装备器材供给能力。（见图4）如何将冰雪装备重点专项研究的科研成果，转化为产品的技术标准，支撑冰雪产业快速发展，促进冰雪消费市场有序发展，是我国体育用品制造业高质量发展的重要体现，如研究制定冰雪器材领域的标准计划，建设国家级的冰雪装备检验检测中心，组建冰雪装备行业标准化工作组，建立国家冰雪器材技术标准资源服务平台，建立并完善冰雪器材标准体系。

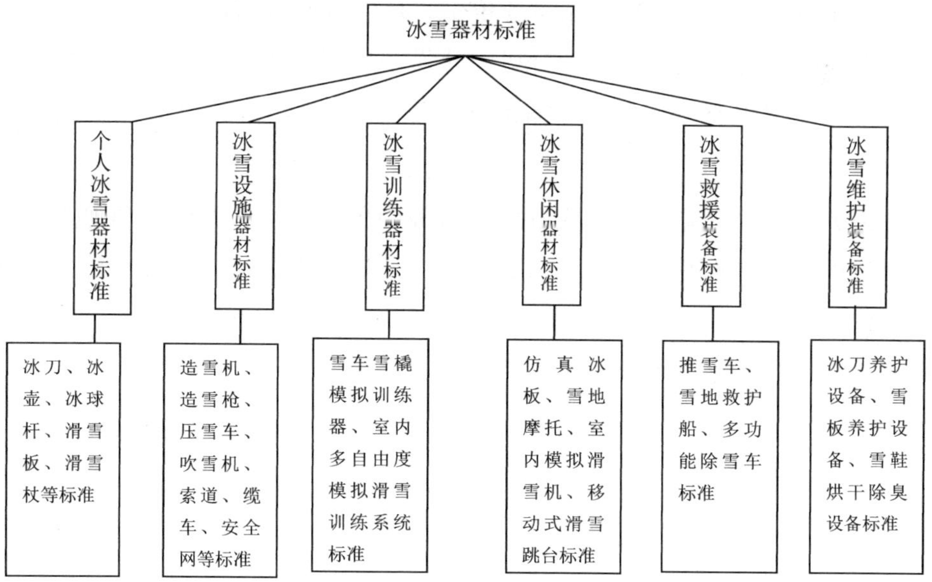

图4 冰雪器材标准体系示意图

7.3 体育用品标准保障体系建设

体育用品标准保障体系建设包括标准化管理体系和运行机制建设、标准实施监督体系建设、标准人才培养体系建设、国际标准推进机制建设、国家标准资源服务平台建设五个方面。

7.3.1 标准化管理体系和运行机制建设

我国体育用品国家标准化工作由国家标准化管理委员会统一管理。受国家标准化管理委员会的委托，中国轻工业联合会、中国体育用品业联合会、中国纺织工业联合会、中国石油和化学工业联合会、中国兵器工业集团公司等单位负责协助管理相关领域的体育用品标准化工作。体育用品行业标准化工作主要由工业和信息化部、国家体育总局、教育部等行业的行政主管部门根据职责分工，负责本部门、本行业的相关领域的体育用品标准化工作，由体育用品标准化技术委员会等专业标准化技术委员会组织起草，行业协会、社会团体、企事业单位、科研机构参与起草。

完善标准化管理体系和运行机制建设，须明确国务院各部委、行业协会、集团公司以及体育用品标准化技术委员会和相关标准化技术委员会在体育用品标准化体系建设过程中的职责权力，准确把握国家标准、行业标准、地方标准的功能定位，充分发挥国务院各部委、行业协会和地方标准化主管部门在标准化工作中的组织指导、协调配合、推动促进作用；完善标准制定修订的规章制度，加强体育用品标准制定修订的全过程管理；严把标准立项、起草、征求意见和审查程序，重点审查标准中技术指标的科学性、前瞻性、先进性和可行性，监督标准征求意见和反馈意见的处理情况，确保标准制定修订过程的公开、公正和公平；重点领域标准应开展必要的前期研究，为标准立项提供科学合理依据。对涉及人体健康和安全，以及游泳、高山滑雪、自由式滑雪、单板滑雪、潜水、攀岩等高危险性运动项目的体育用品技术要求，应完善强制性国家标准的立项机制、通报程序和审批机制。体育用品标准化管理机构和工作机构要站在全局的高度，加强协调合作，依据理顺关系、健全组织、分工协作、广泛参与原则，协调体育用品各行业标准化主管部门之间的关系，解决标准重叠、无序和混乱的问题；打破原有的政府行政管理界限，成立由体育用品生产企业、销售商、研究机构、政府部门以及认证、检测和检验机构与消费者等标准的各方利益代表组成的体育用品标准化技术委员会及若干分技术委员会，经国家标准化管理委员会认可，统一组织协调起草、修订、审查体育用品标准，指导体育用品企业标准化工作。

7.3.2 标准实施监督体系建设

标准实施监督是对体育用品标准贯彻执行情况进行的督促、检查、处理等工作，监督标准贯彻执行的效果，考核标准的先进性、协调性和合理性，也为进一步修订标准提供依据。国务院标准化行政主管部门会同国务院有关行政主管部门加强对体育用品的专门检验监督机构的规划建设和审查指导，加强对体育用品标准实施的监督检查，提高检验技术水平和能力，完善监督机制。专门机构对体育用品标准进行监督和检验，是确保标准实施和保证产品质量，提高经济效益，增强产品竞争力，保障国家经济权益和消费者合法权益的有效措施。这就需要我们建立标准信息反馈机制，形成标准制定、标准实施、标准更新的科学运行机制；建立和完善体育用品不同类型标准实施评估指标体系，依据评估指标体系，每年对重点领域的体育用品标准、年度《全国重点工业产品质量安全监管目录》中的体育用品标准的实施进行评估，评判实施效果，优化标准体系；建立企业监督、社会监督、行业监督和国家监督的体育用品标准的实施监督体系，促进体育用品标准的实施，提高标准化的有效性。

此外，我们还需要强化标准化意识，提升标准化工作地位，加大体育用品标准化宣传和贯彻力度；倡导政府部门和机关单位优先采用标准，并将其作为部门管理工作的重要技术依据，促进标准的有效实施；充分利用报纸杂志、广播电视、网络等各种媒体，多渠道全方位宣传体育用品标准化知识，增进大众对体育用品标准化工作的了解，营造重视和贯彻实施体育用品标准良好的社会氛围。

7.3.3 标准人才培养体系建设

根据国家标准化发展战略规划和相关政策，结合我国体育用品业发展的实际需要，我们应建立标准化人才培养机制，制定体育用品标准化人才培养政策和规划，尤其是重点培养具有国际视野和水平的高级专家；配合有关教育部门和高校院所，积极推动标准化的专业建设、学科建设和课程建设，研究和建构适合我国经济社会发展需要的本科以上学历和学位教育、在职教育、成人教育、短期培训等多层次多类型的体育用品标准化专门人才的培养体系；开展职业技能等级培训，创建体育用品标准化技能实训基地，教育部、人社部配合市场监管总局、体育总局等相关部门探索建立初级、中级、高级资格的体育用品标准化工程师培养体系，培养体育用品标准化工程师队伍，制定体育用品标准化专业人才培养计划，体育用品标准化专业人才培养项目，推动体育用品标准化专业人才培养，将有标准化工作经历，有较强的标准制定与修订能力，参与起草体育用品相关国家标准和行业标准者作为体育用品标准化专业人才，为其制定长期培养计划，进行专业系统的培训，为体育用品标准化工作培养和储备一批创新型人才。

7.3.4 国际标准推进机制建设

推动国际标准推进机制建设，应组织开展我国体育用品国际标准化战略研究，分析国际标准制定与修订的动态和我国参与国际标准化活动的优势，制定我国体育用品参与国际标准化活动战略规划，确立部分重点突破领域；建立我国参与国际标准化领域活动的跟进追踪机制，完善参与国际标准化领域活动的推进和激励机制，提高对口国际的国内标准化技术组织的工作能力和技术水平，依托我国体育用品特色领域和技术优势，推动我国体育用品技术标准上升为国际标准；深入开展国际标准化活动政策研究工作，借鉴国际标准化工作的先进经验，加强体育用品领域国际交流与合作，积极参与国际标准化发展战略和重点领域、新兴领域的相关标准研究和决策工作；重点培养若干名国际标准化组织高层次后备人才和一批能独立承担国际标准化工作的中高级专家。

此外，我们还要统筹开展与国际标准化机构和相关政府机构的交流与合作，扩大我国在国际体育用品标准领域的影响力；有组织地参与国际标准化组织活动，支持提出相关国际体育用品标准提案，提出我国的应对技术方案，目前我国提出的将《室外健身器材的安全 通用要求》国家强制性标准申请国际标准立项，并由中方牵头组建标准工作组推进提案，由中国主导制定的武术剑、太极服两项武术运动用品国际标准的提案获得通过；抓住我国体育用品智能化和数字化快速发展的机遇，深入探讨和推进智能健身器材、可穿戴运动用品标准国际化，整合资源、组织力量，（在美国等发达国家和地区也尚未就这类新兴产品做出统一规范），就智能健身器材、可穿戴运动用品等产品的功能性、互动性、数字化等方面的创新性产品技术要求，开辟新领域，制定新标准，积极主动与国际标准化接轨，同步申请国际标准。

7.3.5 国家标准资源服务平台建设

为完善国家标准资源服务平台建设，我们需面向体育用品整个行业、服务体育用品所有厂商的标准资源服务平台，为社会公众、标准化工作者、科研机构、质检机构、经销商、企业特别是中小型企业提供高效、便捷、可靠、全面的体育用品标准化服务。体育用品标准资源服务平台能直接面向体育用品企业、经销商、科研机构、高等院校、政府部门、消费者等各类用户，为其提供“一站式”标准信息服务，服务内容主要包括标准信息检索、信息定制服务、标准知识服务、标准文献咨询服务、专家咨询和科研攻关支持服务，为体育用品科技成果转化为技术标准和体育用品的发展提供有效的技术支撑。

8 研究结论

体育用品是指为体育活动设计生产的所有专门用品。体育用品标准是为体育用品在生产、流通和使用领域内获得最佳秩序，经协商一致制定并由公认机构批准的共同和重复使用的技术要求。体育用品标准按照一定的方式和秩序相互联系和作用形成体育用品标准体系。通过运用标准化的原理和方法，对体育用品产业发展过程中存在的现实或潜在的问题以及重复性事物或者概念，制定、发布和实施体育用品标准，使相关各方活动达到和谐统一，以实现体育用品资源的合理有效的配置，从而获得最佳秩序和最佳的经济效益、社会效益，使体育用品产业健康、有序地发展。

分类是标准化工作的基础，是统一和交流的前提。体育用品业是一个混合型产业，在我国的产业分类体系中横跨轻工、纺织、化工等行业领域。从现有的分类标准和规范性文件看，体育用品和体育用品业的分类主要有《国际标准分类法》《中国标准文献分类法》《所有经济活动的国际标准行业分类》《国民经济行业分类》《统计用产品分类目录》《体育用品的分类》《体育产业统计分类（2019）》等。在这些分类法中，对体育用品、体育用品业和体育用品标准的概念和范围界定与我国现行的体育用品标准体系及其分类还有一定的差异。《国际标准分类法》《中国标准文献分类法》中体育用品标准包括了体育场馆、体育服务标准，但不包括运动服、运动鞋标准。体育用品产业是生产体育用品的所有企业的结合。体育用品标准化对象是指具有共同属性的各种具体体育用品总和所构成的整体，体育用品标准化领域是指一组相关的标准化对象，如：体育器材、运动鞋、运动服等。体育用品标准化对象和标准化领域分别是体育用品和体育用品生产、销售、使用部门。在《国民经济行业分类》中，体育用品既包括体育用品产业部门设计生产的体育用品，也包括相关产业中的体育用品产品部门以相同原材料和工艺技术生产的专门供体育活动使用的体育用品。但体育用品专业领域的标准化的技术工作机构却很少，从目前正式公布的全国性标准化技术委员会名单来看，只有全国体育用品标准化技术委员会、全国体育用品标准化技术委员会运动服装分技术委员会各1个，体育用品标准工作机构还不健全，体育用品标准化机构涉及的行业领域广、部门单位多，现有的体育用品标准管理上存在着职责权力不明确和分工边界不清晰，跨行业部门多，管理单位多，环节程序多，管理体制不健全，运行机制不顺畅，标准化工作协调相对困难等问题。

在《国民经济行业分类》中的体育用品制造（244）中类设有5个小类，对应《统计用产品分类目录》6位数产品代码7个，8位数代码31个，在体育用品相关产业中，涉及14个大类、32个中类、44个小类。对应6位数代码8个，8位数代码35个。目前共有现行体育用品标准450项，其中基础通用标准35项，产品标准314项，方法标准76项，安全标准25项；国家标准和行业标准的平均标龄接近10年，标龄过长，标准老化，导致标准中有些技术指标落后；在现行的国家标准、行业标准中，采用国际标准和国外先进标准36项，采标率低，对国际标准、国外先进标准的采用相对滞后，体育用品标准的采标工作未能做到与国际标准同步修订或作废；目前有235项体育用品标准覆盖43个运动项目，只占我国正式开展的78个体育运动项目的57.69%，有33个运动项目的标准数是0，没有相应的体育用品标准。

体育用品标准化体系是指为体育用品领域达到最佳秩序而进行的具有统一技术要求的标准制定和实施监督活动以一定相互联系和作用的方式形成的规范有序的有机整体系统，包括体育用品标准体系和体育用品标准保障体系。体育用品标准体系是体育用品生产、流通和使用范围内各标准按照一定的方式和秩序联系和作用构成的有序系统。依据不同的管理目标和分类依据，体育用品标准体系可以形成不同的框架体系结构。体育用品标准体系依照标准的性质可分为强制性标准、推荐性标准、指导性技术文件；依照标准的类别可分为基础通用标准、产品标准、方法标准、安全标准；依照标准所服务的行业领域可分为体育器械标准、运动服标准、运动鞋标准；依照标准的级别可分为国家标准、行业标准、地方标准、团体标准、企业标准，从而形成一个多类型、多维度、多层次的体育用品标准体系框架。体育用品标准保障体系包括标准化管理体系和运行机制、标准实施监督体系、标准人才培养体系、国际标准推进机制、国家标准资源服务平台。标准体系是体育用品标准化体系的主体和基础，保障体系是确保体育用品标准体系建设和有效运转、发挥效能的前提和保证。体育用品标准体系和保障体系相互联系和相互依存，相互作用和相互促进，构成系统完整的体育用品标准化体系，增强了标准化体系的整体功能和引领功能，从而充分发挥标准在有效实施中的规范、协调、支撑和保障作用，有力地推动我国体育用品标准化工作的健康发展。

参考文献

(一)著作类

[1]席玉宝,鄯贻红,陈永军,等.中国体育用品产业与市场实证研究[M].北京:北京体育大学出版社,2006.

[2]李春田.标准化概论[M].北京:中国人民大学出版社,2014.

[3]何盛明.财经大辞典(下)[M].北京:中国财政经济出版社,1990.

[4]姚立根,王学文.工程导论[M].北京:电子工业出版社,2012.

[5]国家标准化管理委员会编译.国际标准分类法ICS第3版[M].北京:中国标准出版社,2003.

[6]国家技术监督局编制.中国标准文献分类法[M].北京:中国标准出版社,1989.

[7]吴初.标准化工作指南[M].天津:天津教育出版社,2008.

[8]舒辉.标准化理论与务实[M].北京:经济管理出版社,2000.

[9]王五.技术壁垒论[M].上海:上海财经大学出版社,2008.

[10]温德成,李正权,林进奎.产品质量竞争力的培育[M].北京:中国计量出版社,2005.

[11]教育部体育卫生与艺术教育司,中国标准出版社第六编辑室.中小学体育器材和场地标准汇编2[M].北京:中国标准出版社,2008.

[12]国家轻工业局行业管理司质量标准处.中国轻工业标准汇编·体育

用品卷[M].北京:中国标准出版社,2001.

[13]中小学体育器材和场地研究课题组.中小学体育器材和场地系列国家标准(GB/T 19851.1-19851.12)实施指南[M].北京:中国标准出版社,2006.

[14]中国标准出版社第一编辑室.体育设施、器械及用品常用标准汇编[M].北京:中国标准出版社,2005.

[15]中共福建省委农村工作领导小组办公室,福建省人民政府农村工作办公室.运动鞋制作工艺[M].福州:福建科学技术出版社,2008.

[16]中国标准出版社第六编辑室.体育用品及器械标准汇编[M].北京:中国标准出版社,2007.

[17]赵英.中国制造业技术标准与国际竞争力研究[M].北京:经济管理出版社,2008.

[18]邓于仁.质量技术监督概论[M].北京:中国计量出版社,2006.

[19]魏凤,曹凝,牟乾辉,等.全球标准化战略发展态势及重要技术标准化分析[M].北京:科学出版社,2018.

[20]刘杰,张定康.标准化战略[M].北京:中国质检出版社,2018.

[21]麦绿波.标准化学——标准的科学理论[M].北京:科学出版社,2017.

[22]麦绿波.标准学——标准的科学理论[M].北京:科学出版社,2019.

[23]洪生伟.基础标准学[M].北京:中国标准出版社,2009.

[24]白殿一,王益谊.标准化基础[M].北京:清华大学出版社,2019.

[25]宋明顺,周立军.标准化基础[M].北京:中国标准出版社,2018.

[26]雷厉.中国体育标准化体系构建研究[M].北京:北京体育大学出版社,2014.

[27]李明杰,马凤领.中国康复辅具标准化发展战略研究[M].北京:中国工人出版社,2014.

[28]全国体育用品标准化技术委员会.体育用品及器械标准汇编[M].北京:中国标准出版社,2019.

[29]王忠敏.标准化基础知识实用教程[M].北京:中国标准出版社,2010.

[30]赵志强.鞋类产品出口技术性贸易措施应对指南(浙江省)[M].北京:中国标准出版社,2009.

[31]李春田.标准化概论[M].北京:中国人民大学出版社,1995.

[32]白殿一,逄征虎,刘慎斋,等.标准的编写[M].北京:中国标准出版社,2009.

[33]裘涵.技术标准化研究新论[M].上海:上海交通大学出版社,2011.

[34]王忠敏.标准化新论:新时期标准化工作的思考与探索[M].北京:中国标准出版社,2004.

[35]汤万金,杨跃翔.消费品安全标准化和风险评估技术研究[M].北京:中国质检出版社,2012.

[36]董国发,韩光,王燕玲.体育用品原材料的综合利用[M].北京:中国质检出版社,2013.

（二）期刊类

[1]田世宏.实施标准化战略　践行新发展理念[J].中国标准化,2016(11):72-73.

[2]王明暄.我国体育器材质量标准存在的问题及对策[J].体育与科学,1992(4):27-28.

[3]肖嵘.我国体育用品产业标准化现状与对策研究[J].天津体育学院学报,2008(2):170-174.

[4]黄迎春.我国体育用品标准结构失衡及其治理研究[J].标准科学,2013(12):14-16.

[5]刘富生,钟丽.我国体育用品产业技术标准战略问题研究[J].军事体育进修学院学报,2012,31(2):8-13.

[6]刘圆,区卫钊,万方凯.《乒乓球运动鞋》新旧标准差异探讨[J].中国纤检,2016(6):112-113.

[7]李文峰，刘雪涛，贾月琴.基于国产软件的标准在线服务平台构建研究[J].术语标准化与信息技术，2006(1)：43-46.

[8]钟华梅，王兆红，程冬艳.体育用品出口贸易结构的稳定性及影响因素研究[J].首都体育学院学报，2017，29(1)：13-16，30.

[9]席玉宝，刘应，金涛.我国体育用品出口状况分析[J].体育科学，2005(12)：22-27.

[10]程军毅.《中国标准文献分类法》与《国际标准分类法》在我国标准文献中的应用[J].中国标准导报，2014(5)：46-49.

[11]国家质量技术监督局.国家标准化指导性技术文件管理规定[J].石油工业技术监督，1999，15(2)：38-39.

[12]求实.中国采用国际标准和国外先进标准情况介绍[J].中国标准化，1999(10)：16-34.

[13]科技司标准处.化学工业部化学工业专业标准化技术归口单位工作细则[J].化工标准化与质量监督，1991(9)：3-9.

[14]体育总局印发《体育标准化管理办法》和《体育标准化制修订工作实施细则》[J].中国质量与标准导报，2017(12)：8.

[15]刘海鹏.体育设施标准对运动安全、环境安全的贡献[J].中国标准化，2007(10)：15-18.

[16]席玉宝.中国体育用品标准化建设现状与对策[J].武汉体育学院学报，2011，45(12)：5-13.

[17]曾洪林.名牌战略与体育用品标准化的探讨[J].成都体育学院学报，2002(3)：38-40.

[18]朱建宇.体育产品名牌战略与体育产品标准化的理性思考[J].商场现代化，2008(5)：129-130.

[19]张小晶.奥林匹克与标准——中国标准化与中国体育事业的发展[J].中国标准化，2008(7)：17.

[20]杨明，王新平.中国体育用品产业标准化战略研究[J].广州体育学院学报，2008(5)：34-36，49.